Alina Willkomm

Didaktik der Christologie

Die Christologie in den Evangelien und ihre religionspädagogische Umsetzung

Bibliografische Information der Deutschen Nationalbibliothek:

Die Deutsche Nationalbibliothek verzeichnet diese Publikation in der Deutschen Nationalbibliografie; detaillierte bibliografische Daten sind im Internet über http://dnb.d-nb.de abrufbar.

Impressum:

Copyright © Studylab 2019

Ein Imprint der Open Publishing GmbH, München

Druck und Bindung: Books on Demand GmbH, Norderstedt, Germany

Coverbild: Open Publishing GmbH | Freepik.com | Flaticon.com | ei8htz

Inhaltsverzeichnis

1 Einleitung 1

2 Die Christologie in den Evangelien 3

    2.1 Der Name Jesus 4

    2.2 Die Immanuel-Verheißung 7

    2.3 Der Weg Jesu 10

        2.3.1 Gleichnisse 12

        2.3.2 Wunder 13

        2.3.3 Heilungen 15

    2.4 Die Jünger 16

    2.5 Kreuzestod und Auferstehung 19

        2.5.1 Der Kreuzestod bei Markus 21

        2.5.2 Der Kreuzestod bei Matthäus 23

        2.5.3 Der Kreuzestod bei Lukas 24

        2.5.4 Der Kreuzestod bei Johannes 26

3 Fazit: Christologie in den Evangelien 27

4 Die religionspädagogische Umsetzung als Didaktik der Christologie 29

    4.1 Elementarisierung im Religionsunterricht (Schweitzer) 29

        4.1.1 Einführung als religionsdidaktischer Ansatz 32

        4.1.2 Christologie bei Jugendlichen 34

        4.1.3 Elementarisierung in der religionsdidaktischen Diskussion 38

5 Fazit: Religionspädagogische Umsetzung als Didaktik der Christologie ... 41

6 Unterrichtsstunde **42**

6.1 Verortung im Kernlehrplan evangelische Religionslehre Realschule............. 42

6.2 Thema und Lernzielschwerpunkte der Unterrichtsstunde 43

    6.2.1 Thema der Unterrichtsstunde 43

    6.2.2 Lernzielschwerpunkt der Unterrichtsstunde 43

6.3 Didaktische Schwerpunkte 44

    6.3.1 Überlegungen zur Sache für die Stunde 44

    6.3.2 Didaktische Überlegungen 45

    6.3.3 Methodische Begründungen 46

7 Fazit: Unterrichtsstunde **50**

Anhang **51**

    Tabellen 51

    Arbeitsblätter 54

Literaturverzeichnis **57**

    Primärliteratur 57

    Sekundärliteratur 57

1 Einleitung

Die vorliegende Masterarbeit soll im ersten Teil einen Überblick über die Christologie in den Evangelien bieten und im zweiten Teil eine didaktische Auseinandersetzung mit der Christologie im Religionsunterricht, inklusive einer Musterstunde beinhalten. Im ersten Teil wird sich anhand einer übersichtlichen Aufteilung und unter Berücksichtigung aktueller Forschungsliteratur mit den Berichten über Jesus in den Evangelien auseinandergesetzt. Dazu wird ein kurzer allgemeiner Überblick über die Christologie in den Evangelien gegeben, um im Weiteren anhand einer systematischen Gliederung der Jesuserzählungen einen konkreteren Überblick über Jesus zu erhalten. Dies geschieht im ersten Schritt durch die Erläuterung des Namens Jesu an der sich das matthäische Phänomen der Immanuel-Verheißung anschließt. Hierbei wurde auf die Dissertation von Jin Man Chung aus dem Jahr 2018 ein besonderer Wert gelegt, da das Werk zum einen durch seine Aktualität besticht und der Forschungsfokus des Doktoranten auf dem Matthäusevangelium lag. Im Anschluss daran wird der Weg Jesu beschrieben und anhand weiterer Unterpunkte die Gleichnisse, Heilungen und Wunder in ihrer Funktion aufgezählt. Darauf folgt ein Abschnitt über die Jünger Jesu, um den Aspekt der Nachfolge zu klären. Abschließend findet der Kreuzestod und die Auferstehung Ansprache, wobei die Thematik aufgrund ihres Umfangs in die jeweiligen Evangelien unterteilt wird. Hier wurde zum größten Teil auf das Werk von Theißen/Merz zurückgegriffen, welches bereits in der 4. Auflage erschienen ist und sich deshalb in der aktuellen Forschung besonderer Popularität erfreut.

Der zweite Teil dieser Arbeit beschäftigt sich mit der Umsetzung der Thematik Christologie in der Schule. Dazu wird der Elementarisierungsansatz herangezogen und auf das Grundlagenwerk von Schweitzer besonders eingegangen, da sich dieser ausführlich mit der Elementarisierung auseinandersetzt. Im Detail geht es darum zu erklären was man unter der Elementarisierung im Religionsunterricht versteht, um daraufhin auf die Christologie bei Jugendlichen einzugehen. Im Anschluss sollen die Nachteile der Elementarisierung zur Sprache kommen, um mögliche Verbesserungen des Ansatzes zu diskutieren.

Darauf folgt die praktische Umsetzung der Elementarisierung in konkreten Fällen. Dazu wird im ersten Schritt die Verortung der Christologie im Kernlehrplan veranschaulicht und eine eigene fiktive Unterrichtsstunde zum Thema Christologie – Kreuzestod (und Auferstehung) unter Berücksichtigung aller zuvor erforschten Kriterien didaktisch aufbereitet. Diese wird schriftlich unter referendariatsähnlichen Voraussetzungen beschrieben und berücksichtigt sowohl den Elementarisierungsansatz mit seinem wichtigsten Argument dem Lebensweltbezug, als auch eine ansprechende Materialauswahl, ein klar formuliertes Lernziel und eine Begründung der gewählten Methoden.

Ziel dieser Masterarbeit ist er herauszustellen, ob ein einheitliches Jesusbild existiert oder war ob es unterschiedliche Darstellungsweisen in den Evangelien gibt und worauf sich diese zurückführen lassen. Ob Jesus eine historische Persönlichkeit war, soll weniger Beachtung finden. Auf eigenem Wunsch wurde diese Arbeit um das Johannesevangelium erweitert und nicht auf die Synoptiker beschränkt, da sich die Autorin dieser Arbeit durch Johannes einen gänzlich neuen Blickwinkel auf die Jesusforschung erhofft. Um einen direkten Bezug zum Lehramtsstudium darzustellen wird der wissenschaftliche Teil um eine didaktische Ausarbeitung erweitert, sodass am Ende eine Unterrichtsstunde zur Christologie, anhand der zuvor erforschten Theorien entstehen kann.

2 Die Christologie in den Evangelien

Man kann die Evangelien nicht mit einer heutigen Art von Biografie über eine Person vergleichen. Sie sprechen vielmehr von den Taten einer Person, die wir heute Jesus nennen. Sie setzen den Glauben an Jesus als messianischen Retter des Volkes Israel voraus und zweifeln nicht an seiner, durch Gott verliehenen, Allmacht. Alle Evangelien haben gemein, dass sie den Tod Jesu als einen Auftakt, eine Wende darstellen. Was sie voneinander unterscheidet, sind die Betonungen unterschiedlicher Aspekte des Lebens Jesu. Matthäus und Lukas hatten das Markusevangelium zur Quelle, wodurch sie viel miteinander gemein haben. Da sich sowohl Lukas, als auch Matthäus an derselben Logienquelle orientieren, man spricht hier von der Zwei-Quellen-Theorie, ähneln sie sich am meisten. Lukas jedoch muss als Autor der Apostelgeschichte, in der es um die Ausbreitung des Evangeliums geht, separiert von Markus und Matthäus betrachtet werden. Johannes bezieht sich auf andere Quellen und zeichnet Jesus anhand eines von ihm selbst ausgewählten Jüngers nach und setzt sich dadurch zum einen selbst eine Tradition[1] und erwartet von seinen Lesern ein höheres Maß an synoptischer Kenntnis.[2]

Die vier Evangelien bilden eine Einheit, der gemein ist, dass sie von ein und demselben Jesus handeln. In einigen Punkten steht jedes Evangelium dennoch für sich und betrachtet die Lebensgeschichte Jesu aus einem anderen Blickwinkel. Jeder Autor nutze andere Quellen, wenngleich die Synoptiker traditionell nahezu identisch sind. Jeder Autor wollte eine andere Bevölkerungsschicht mit seinem Evangelium ansprechen. Das Johannesevangelium zeigt eine völlig andere Seite von Jesus, die nach dem Lesen von Matthäus, Markus und Lukas zunächst erschüttern mag, jedoch dem Bild von Jesus als Erlöser treu bleibt. Alle Autoren haben die nachösterliche Erfahrung gemein unter dessen Gesichtspunkt sie schreiben. Rein die Evangelien haben einen historischen Quellenwert. Alle vier Autoren überliefern die Lebensgeschichte eines Mannes namens Jesus. Durch seine Taten wird eine christlich vorbildliche Person gezeichnet. Er redet nicht nur von der Nächstenliebe, er lässt sie jedem zuteilwerden, sogar seinen Feinden.

---

[1] Als Tradition wird eine absichtliche Überlieferung bezeichnet, welche bewusst für die Nachwelt erschaffen wurde.
[2] Vgl. Söding: Der Gottessohn aus Nazareth, 33.

Er redet nicht nur von der Rettung, er rettet die Ungläubigen wirklich und führt sie auf den Weg zu Gottes Heil. Jesus ist ein Mann der Tat und das bedeutet wahres Menschsein: Das zu tun, wovon man überzeugt ist.[3]

2.1 Der Name Jesus

Der Name Jesus stünde nach Karrer gleichwohl für die Beständigkeit zwischen dem irdischen und dem auferstandenen Jesus und einer sich daraus entwickelnden Dynamik. In der Antike war die Wahl eines Namens und das was er dadurch transportieren und bei seinem Leser assoziieren wollte in einem stärkeren Fokus, als heute. Deswegen muss zunächst die Sprache, in der der Name Jesus geschrieben ist, betrachtet werden. Seine Wurzeln sind hebräisch-aramäisch „Jeschua". Kontakt hat Jesus meist im griechisch-lateinischen Kontext, sodass sein Name Aufsehen erregt. Des Weiteren sind im griechisch-lateinischen häufig zwei Vornamen[4] anzutreffen. Jesus hat nur einen Vornamen. Er gibt sich auch keinen zeitgenössischen Zweitnamen, wie es durchaus möglich gewesen wäre und hebt sich damit bewusst aus der Menge hervor.[5]

„Nomen est omen."[6]

Der Name Jesus lässt sich auf die Worte „Rettung, Heil, retten, befreien und helfen" zurückführen. Er ist das Mittel zur Rettung der Menschheit vor den Sünden und gleichzeitig Messias, der den Heilswillen Gottes erfüllt. Matthäus betont den Zusammenhang der Namensgebung mit der Rettung und des Heils an folgender Stelle: „(...) und du sollst seinen Namen Jesus nennen, denn er wird sein Volk retten von seinen Sünden." (Mt 1,21).[7] Die Besonderheit bei der Namensgebung in Matthäusevangelium, im Gegensatz zum Evangelium nach Lukas, ist das Erscheinen eines Engels (Mt 1,20). Dieser Engel beinhaltet eine Botschaft Gottes, in Bezug auf die Offenbarung.

---

[3] Vgl. Ebd., 59–61.
[4] Bzw. war im römischen Reich eine Drei-Namen-Bezeichnung üblich, die in Pränomen, Nomen-Gentile und Kognomen gegliedert wurde. Beispiel: Gaius Julius Caesar.
[5] Vgl. Karrer: Jesus Christus im Neuen Testament, 46.
[6] Chung: Gottes Weg mit den Menschen, 56.
[7] Vgl. Ebd.

Gleichzeitig rechtfertigt er Maria als Mutter Jesu, die von Josef angenommen werden soll (Mt 1,20). Matthäus verwendet in seinem Evangelium das Traum-Motiv, der Engel erscheint Josef im Traum (Mt 1,20), was bedeutet, dass Josef eine Botschaft über ein nicht greifbares Medium erfährt. Die Traumwelt ist eine nicht durch Sinne zu erfassende Wirklichkeit, die durch das folgende Handelns Josefs einen Weg in die tatsächliche Welt findet. Man könnte sagen, dass der Traum für eine göttliche Botschaft steht.[8]

Wie bereits ersichtlich wurde, ist Josef eine tragende Gestalt im ersten Teil des Matthäusevangeliums. Er leistet den Worten des Engels aus seinem Traum folge und nimmt Maria zu seiner Frau, und mit ihr den Sohn Jesus als den Seinen an. Matthäus' Fokus liegt hier nicht auf Maria. Josefs zentrale Rolle betont er, indem er ihn „gerecht" (Mt 1,19) nennt und ihm die Rolle des Empfängers der Offenbarung zuspricht. Er befolgt die Worte des Engels und zeigt sich dadurch Gottes Botschaft gegenüber gehorsam. Diese Gehorsamkeit gibt er an seinen Sohn weiter.[9] Betreffend des Matthäusevangeliums und seinem Umgang mit dem Namen Jesu lässt sich sagen, dass die Nennung des Namens bei ihm quantitativ am häufigsten vorkommt. Im Gegensatz zum Lukasevangelium, wo Maria ihrem Sohn den Namen verleihen soll (Lk 1,31), kommt diese Rolle bei Matthäus Josef zuteil, der damit dessen Vaterschaft rechtfertigen möchte.[10]

„Denn auch der Sohn des Menschen ist nicht gekommen, um bedient zu werden, sondern um zu dienen und sein Leben zu geben als Lösegeld für viele." (Mk 10,45)

Die Gottessohnschaft wird nach dem Markusevangelium durch Gott selbst begründet, da Gott Jesus gegenüber Johannes, Petrus und Jakobus als seinen Sohn bezeichnet (Mk 9,7), sie ihm diese Begegnung jedoch erst nach seiner Auferstehung offenbaren dürften (Mk 9,9).[11] Kein Jude darf Jesus Gottes Sohn nennen, da dies für sie die Verletzung des Ersten Gebots bedeutet.

Deswegen nutzt das Markusevangelium Jesus selbst als durchführende Gewalt, um dieses Gebot zu wahren, indem er Jesus sich selbst nicht als göttlich bezeichnen lässt: „Niemand ist gut als nur *einer* Gott." (Mk 10,18).[12] Um den Konflikt zwischen

---

[8] Vgl. Ebd., 51–53.
[9] Vgl. Ebd., 53–55.
[10] Vgl. Ebd., 66.
[11] Vgl. Guttenberger: Die Gottesvorstellung im Markusevangelium, 313.
[12] Vgl. Ebd., 331.

der Christologie und dem monotheistischen Grundbekenntnis im Markusevangelium zu vermeiden, stellt Markus Jesus nicht als gleichgestellten Gott dar. Es gibt nur einen Gott. Jesus maßt sich diesen Anspruch nicht an, sondern kündigt seine zukünftige Erhöhung durch Gott an. Er ist zu seiner Wirkzeit demnach ein Menschensohn und beansprucht keine göttliche Gleichstellung. Dies unterstützt Markus durch das Leiden Jesu, denn wer leidet kann nicht Gott sein.

> „Darum nun suchten die Juden noch mehr, ihn zu töten, weil er nicht allein den Sabbat aufhob, sondern auch Gott seinen eigenen Vater nannte und sich so selbst Gott gleich machte." (Joh 5,18)

Bei Johannes ist dies anders, denn dort wird in zwei Kontexten Jesus als gottgleich dargestellt. Einmal geschieht das in der Bezeugung der Gottessohnschaft (siehe Zitat) und bei dem Angriff auf Jesus, der als Reaktion darauf geschah, dass Jesus sich selbst zum Gott erhöhte (Joh 10,33).[13] Die Jesusgestalt, welche Johannes in seinem Evangelium zeichnet, ist die eines siegreichen Mannes, der seine Macht als Mensch durch eine besondere Zuwendung Gottes erhalten hat. Seine Rolle ist die eines Retter für die Menschen und des Richters über die Widersacher Gottes. Seine messianische Gestalt vereint in sich den apokalyptischen König, Richter und Krieger. Er wird durch Gott erhöht und nimmt dadurch die Rolle eines Mittlers zwischen Gott und den Menschen ein. Er ist ein Wegweiser, wer sich ihm anschließt: Einem Mann der durch Folter, Leiden und den Tod ging und dennoch gottestreu blieb, kann auf seine Erlösung zählen und seinem Weg der Nachfolge beschreiten.[14]

Das Johannesevangelium unterscheidet sich insofern von den synoptischen Evangelien als das es sich um einen Autor handelt, der durch die Nutzung bildsprachlicher Elemente, Betroffenheit bei dem Leser auslösen möchte. Der Leser soll das Gefühl haben, dass Jesus für ihn nahbar ist.

Sein Jesusbild ist folglich das eines Menschen der Einfluss auf das Leben des Lesers nehmen kann, unabhängig wie lange seine Wirkzeit bereits vorbei ist. Johannes möchte mit seinem Evangelium einen Anker für die Christen schreiben, an dem sie sich festhalten können, um schwere Zeiten zu überstehen.[15]

---

[13] Vgl. Ebd., 312f.
[14] Vgl. Murillo Soberanis: Die Christusvisionen der Johannesoffenbarung, 317–319.
[15] Vgl. Ebd., 15f.

Der Name Jesus ist eng mit der Macht Gottes verbunden. Durch sein Wirken erhalten die Jünger die Möglichkeit in Gottes Namen weiterzuhandeln, auch nach Jesu irdischem Ableben. Sein Name soll einen direkten Bezug zur Rettung des gesamten Volkes herstellen. Daran glaubt die Urgemeinde und davon lebt die Kirche.[16] Bei den Synoptikern ist der religiöse Begriff der Sünde, in Form von vor Gott und seinen Mitmenschen in Ungnade fallen, hintergründig.[17]

2.2 Die Immanuel-Verheißung

Die Verheißung eines kommenden Messias sind ebenfalls Teil des Lukasevangeliums, jedoch tritt hier nicht die Immanuel-Verheißung auf. Maria soll ihren vom Heiligen Geist empfangenen Sohn „Sohn Gottes" (Lk 1,35) nennen. Somit ist die lukanische Verheißung nicht an die Immanuel-Verheißung gebunden. Das „Sohn Gottes"-Motiv tritt ebenfalls im Markusevangelium auf (Mk 1,1), welcher sich mit seinen Worten auf den Propheten Jesaja beruft. Bei Johannes wird Jesus als „Lamm Gottes" (Joh 1,29) bezeichnet. Er ist der Erlöser. Somit wird deutlich, dass auch hier keine Immanuel-Verheißung zutrifft. Aus diesem Grund werden sich die folgenden Ausführungen über die Immanuel-Verheißung auf die Untersuchung des Matthäusevangeliums beschränken.

Das Markusevangelium diente dem Autor des Matthäusevangeliums als Vorlage. Dieser erweiterte jedoch die markinische Erkenntnis, dass Jesus der messianische Gottessohn ist, um einige weitere Traditionen, bezogen auf die Lehre Jesu in der Kirche. Unter dem Immanuel-Motiv versteht sich die Lehre der Kirche, als die Lehre Jesu. Nach der Taufe verkündet Jesus seine Gebote, anhand derer er immer mehr Jünger erhält, die ihm folgen.

Dies geschieht bei Matthäus in einer außerordentlichen Intensität, da der irdische Jesus bereits in einem nicht zu steigerndem Maße für seine Verkündigung einsteht.[18]

„Jesus ist der Immanuel, der „Gott mit uns"."[19]

---

[16] Vgl. Söding: Der Gottessohn aus Nazareth, 63.
[17] Vgl. Chung: Gottes Weg mit den Menschen, 59f.
[18] Vgl. Söding: Der Gottessohn aus Nazareth, 41.
[19] Ebd., 42.

Um eine Wechselbeziehung zwischen dem Weg Jesu, als Weg Gottes herzustellen muss das Leitmotiv der Immanuel-Verheißung herausgestellt werden. Die Immanuel-Verheißung bildet einen inneren Zusammenhang zwischen dem menschlichen Jesus und den erhabenen Gott und stellt beide in Verbindung zueinander. Nach Matthäus ist Jesus zugleich beides: Irdisch und erhöht. Mit seiner, durch beide Naturen verliehene, Allmacht erlöst er die Menschen und führt sie zum Heil. Durch Jesus wird die von Gott versprochene eschatologische Hoffnung nach und nach erfüllt. Der Weg Jesu ist demnach der Heilsweg Gottes.[20] Der Leitspruch „Mit-uns-Gott" ist eine einmalige Bezeichnung und eine Art Wort, dessen Bedeutung die Wirklichkeit bestimmt. Matthäus versucht dies in seinem Evangelium zu entfalten. Der Leser sollte sich die Worte „Mit-uns-Gott" vor Augen führen. Das bedeutet nichts anderes, als das die Immanuel-Verheißung das zentrale Kriterium des Matthäusevangeliums ist.[21]

Drei zentrale Stellen, bezogen auf die matthäische Immanuel-Verheißung, sollen im Folgenden zur Veranschaulichung genannt werden:

Begonnen wird mit Mt 1,23. Matthäus nennt explizit den Namen „Emmanuel" und dass diese Namensgebung keine Option ist, sondern so geschehen wird. Er beginnt, wie auch Lukas, mit der Geburt Jesu und betont dadurch sein menschliches Dasein. Die Geschichte von einem Jungen, nach dessen Geburt ein Kindermord stattfinden soll, weist erhebliche Parallelen zur Geschichte Mose auf und kann deswegen als eine Analogie zur Geschichte der antiken Literatur verstanden werden. Matthäus erzählt jedoch nicht rein die Geschichte um Moses nach, sondern stellt die Erfüllung der Verheißung der Schrift und der Vollmacht Gottes durch Jesus heraus.[22]

Zudem betont Matthäus das Immanuel-Motiv durch die Geburt der Jungfrau Maria, die durch den Heiligen Geist möglich wird und stellt damit das Verhalten Gottes als Schöpfer heraus. Es geht nicht darum, ob diese Geburt unter natürlichen Umständen real stattfinden konnte, sondern um die damit verbundene Heilszusage Gottes. Letztere wird in Jesus versinnbildlicht und kann der Menschheit nahbar gemacht werden.[23]

---

[20] Vgl. Chung: Gottes Weg mit den Menschen, 12f.
[21] Vgl. Ebd., 68.
[22] Vgl. Ebd., 68–70.
[23] Vgl. Ebd., 72.

Zu der ersten Bibelstelle lässt sich abschließend sagen, dass das Immanuel-Motiv in einem direkten Bezug zu dem Erscheinen des Engels (Mt 1,21) und der damit verbundenen Namensvergabe durch selbigen steht. Das Engel-Motiv lässt schon zu Beginn darauf schließen, dass es sich bei der Geschichte des gerade geborenen Jesus um einen ausgewöhnlichen Lebensweg handeln wird. Der „Gott-mit-uns" ist Jesus, dem die Vollmacht zur Sündenvergebung durch Gott geschenkt wird. Es gibt zwei weitere Stellen im Matthäusevangelium, welche die Immanuel-Verheißung beinhalten.[24]

Die zweite Stelle des Matthäusevangeliums, die auf die Immanuel-Verheißung anspielt ist Mt 18,20. Die Worte, die auch Teil eines bekannten Kirchenliedes sind und dadurch ihre Wichtigkeit für den christlichen Glauben bis heute widerspiegeln lauten: „Denn wo zwei oder drei versammelt sind in meinem Namen, da bin ich in der Mitte." (Mt 18,20). Jesus grenzt sich nicht von den Menschen ab und stellt sich über sie. Er besagt mit diesen Worten, dass er bei ihnen und somit ein Teil der Menschheit ist. Gott ist mit uns, Jesus ist bei uns Menschen. Gott verspricht uns den Heilsweg und schickt uns seinen Sohn, um dem Volk Israel in der zukünftigen Not Beistand zu leisten.[25] Matthäus 18,20 steht im Kontext des „Verhaltens gegen sündige Brüder" und gipfelt mit der Zusage seines Beistandes. Die Gebete der Menschen und Jünger werden, durch die Präsenz des irdischen Jesu, von Gott erhört. Im Gebet ist Jesus mitten unter seiner Gemeinde, ein Teil von ihnen. Dies bedeutet nicht, dass er wirklich anwesend ist, denn wo Zwei oder Drei in seinem Namen zusammenkommen, ist er omnipräsent, um seine Heilswirkung zu entfalten und die Sünden der Menschen zu vergeben.[26]

Die Beistandsverkündigung durch die Immanuel-Verheißung wird hier durch den irdisch anwesenden Jesus unter seinen Jüngern und seine Versprechung durch göttlichen Beistand postuliert. Den Jüngern wird dadurch die Gewissheit gegeben, dass Gott mit ihnen ist: Unter ihnen.[27]

Der auferstandene Jesus sichert seinen Jüngern bis zum Ende aller Tage seinen Beistand zu (Mt 28,20). Wie schon in der vorherigen Bibelstelle, tritt er in die Mitte seiner Jünger (Mt 28,18). Verbunden mit der ersten Aussage, dass er immer bei

---

[24] Vgl. Ebd., 75.
[25] Vgl. Ebd., 89.
[26] Vgl. Ebd., 101f.
[27] Vgl. Ebd., 104.

ihnen sein wird, tritt er erneut als Immanuel auf. Dieses Mal ist das Immanuel-Motiv ein Versprechen, welches auf die Zukunft hinweist, nicht mehr auf die Gegenwart.[28] Der Autor des Matthäusevangeliums erkennt in Jesus den in der Jesaja-Prophetie angekündigten Immanuel, durch den die Heilstreue Gottes die Menschen erreichen soll. Die Beistandsversprechung von Jesus, durch die Jesus inmitten seiner Jünger, die sich in seinem Namen versammelt haben vergegenwärtigt, stellen ihn ins Zentrum der Verbundenheit Gottes zu den Menschen. Das Immanuel-Motiv entfaltet sich im gesamten Matthäusevangelium. Der Immanuel ist sowohl der lebende Jesus, als auch der Auferstandene.[29]

2.3 Der Weg Jesu

Die ältere sowie die aktuelle Forschung sind nicht in der Lage die genauen Reiserouten des Wanderpredigers Jesus zu ermitteln, da die Evangelien diesbezüglich keinen Wert auf die historisch korrekte Reiseroute legen wollten, sondern Einzeltraditionen schufen. Mit diesen Einzeltraditionen verfolgten sie ein theologisches Interesse, wodurch die historische Korrektheit kein Ziel der Autoren der Evangelien war und die tatsächlich besuchten Orte lediglich zweckdienlich genannt wurden und nicht auf historischen Fakten beruhen. Um sich ein angemessenes Bild über Jesus machen zu können, ist dies auch nicht von zentralem Belang, da es seine Person nicht in einem anderen Licht darstellen würde, wenn er, wie bei Markus, ein Mal nach Jerusalem gereist wäre oder wie bei Johannes drei Mal.

Dies ändert nichts an dem Wirken der Person Jesu, welches die Evangelien allesamt in den Vordergrund ihrer Schrift stellen. Vielmehr ist es wichtig zu wissen, in was für einer Welt sich Jesus befand. Es war eine konfliktreiche Zeit in Galiläa. Nach der Eroberung des Nordreiches durch die Assyrer lebten unterschiedliche, vorwiegend heidnische, Bevölkerungsgruppen in dem Gebiet. Es gibt Belege aus dem 2. Jh. v. Chr. welche die „fremden Glaubensgruppen" bezeugen. Es gab Spannungen zwischen den dort langansässigen Juden und den neu hinzugekommenen Heiden. Dort bildeten die Juden eine Minderheit, was sich zur Zeit Jesus jedoch veränderte. Zu seinen Lebzeiten war Galiläa jüdisch geprägt und die Heiden befanden sich in der Minderheit. Unter Aristobulos I. wurde Galiläa rejudanisiert. Dort ansässige Ituräer

---

[28] Vgl. Ebd., 105.
[29] Vgl. Ebd., 117.

durften bleiben, sofern sie sich beschneiden ließen. Dies geschah im Jahr 103-104 v. Chr. und behielt die jüdische Übermacht bis zu Lebzeiten Jesu.[30] Galiläa war kein friedliches Land, es hatte sich ebenso Erschwernissen zu stellen. Diese traten im urbanen versus ländlichen Bereich zutage. Galiläa war von hellenistischen Städterepubliken umgeben und Herodes Antipas förderte die hellenistische Kultur aus dem Zentrum Galiläas heraus. Bei der Gründung Tiberias wurde gegen jüdische Reinheitsgebote verstoßen und in Sepphoris wurden die Römer unterstützt. Beide Städte hätten allein aufgrund ihrer Größe und Bekanntheit in den Evangelien Erwähnung finden müssen, taten dies aber aus den genannten Gründen nicht. Daraus könnte man schließen, dass der Weg Jesus vor allem in die ländlichen Gegenden verschlug.[31] Die Haupterwerbsquelle in Galiläa war die Landwirtschaft. Resultierend aus der Größe der zu nutzenden Ackerfläche, entstanden innerhalb einer Erwerbsquelle Unterscheidungen der Bauern in arm und reich. Durch dieselbe Erwerbsquelle lebten somit Arme und Reiche nebeneinander. Die Jünger Jesu stammten ebenfalls aus dem landwirtschaftlichen Sektor. Die Fischer und Handwerker unter ihnen entsprechen nicht der Norm und genau das ist der Grund, aus dem von ihnen in den Evangelien berichtet wird. Es gibt einige Gleichnisse, die die Spannungen zwischen den Armen und Reichen widerspiegeln, welche im weiteren Verlauf dieses Kapitels noch genannt werden.[32]

Matthäus und Lukas sind sich darüber einig, dass Jesus aus dem Geschlecht Davids stammt (Vgl. Mt 1,1 und Lk 1,27) Beiden scheint demnach die Frage der Herkunft und somit der Identität wichtiger als Markus und Johannes. Matthäus verstärkt diesen Eindruck durch die bereits im Abschnitt 2.2 erläuterte Immanuel-Verheißung. Was alle Evangelien gemein haben, ist der Weg den Jesu beschreitet. Sein Weg ist der Weg der Nachfolge. Durch die Jünger wird die Botschaft Gottes immer weiter verkündet, selbst wenn sie von der Erde scheiden. Durch die Ernennung immer neuer Jünger in die Nachfolge, bleibt die Präsenz Jesu ewig bestehen und damit auch die Hoffnung auf das Reich Gottes. Jesus nimmt immer die zentrale Rolle ein, um ihn dreht sich alles. Laut Chung sei er der Prophet, der Mittler zwischen Gott und den Menschen.[33] Die prophetische Tätigkeit Jesu umfasst die Verkündigung

---

[30] Vgl. Merz/Theißen: Der historische Jesus: Ein Lehrbuch, 161f.
[31] Vgl. Ebd., 163.
[32] Vgl. Ebd., 164.
[33] Vgl. Chung: Gottes Weg mit den Menschen, 135.

des Wortes Gottes. Bei Markus, Lukas und Johannes beginnt das Evangelium mit Worten über den Täufer Johannes, der dadurch eine ebenfalls wichtige Rolle erfährt. Sein Handeln und das Handeln Jesus gleichen sich an. Matthäus hingegen verzichtet auf die Vorgeschichte über Johannes den Täufer.[34]

2.3.1 Gleichnisse

> „Die Gleichnisse Jesu sind erzählerisch entfaltete Metaphern, die aus dem kollektiven Bilderschatz des Judentums stammen und von denen viele ihre konventionelle Bedeutung als „stehende Metaphern" nicht verloren haben."[35]

Der Missionsweg Jesu ist kennzeichnend für das Ergebnis seines Wirkens durch seine Worte und seine Taten. Aus diesem Grund ist es wichtig, die Gleichnisse, in Bezug auf ihre christologische Bedeutung für die Evangelien, in Augenschein zu nehmen. In der älteren Gleichnistheorie wurde diese als eine Art Beweisführung betrachtet. Sie orientierte sich an der Vergleichsrhetorik. Die neuere Gleichnistheorie bezieht sich auf Metaphern und offeriert dadurch einen Interpretationsspielraum. In den Gleichnissen kommt die Sprache Gottes zum Vorschein. Durch die bildsprachliche Ausdrucksweise der Gleichnisse, wird die Verständlichkeit einem weiten Publikum angeboten. Dies wird meist durch einen Lebensweltbezug[36] unterstützt. Man kann demnach behaupten, dass die Gleichnisse, einen damaligen typischen Charakter des jüdischen Gleichniserzählens entsprachen.[37]

Die Christologie in den Gleichnissen der Evangelien setzt unterschiedliche Schwerpunkte. Matthäus stellt mit ihnen heraus, dass die Gemeinde zwar Gottes Güte erfährt, dies aber in mahnender Weise geschieht, wie man beispielsweise am „Gleichnis von den Arbeitern im Weinberg" (Mt 20,1-17) sieht. Lukas hat einen anderen Ansatz. Er beschreibt mit dem Gleichnissen menschliches Fehlverhalten, wie bei dem „Gleichnis vom reichen Toren" (Lk 12,13-21) und kündet zugleich an, was mit denen geschieht die gut handeln: „Das in der guten Erde aber sind die, welche in einem redlichen und guten Herzen das Wort, nachdem sie es gehört haben, bewahren und Frucht bringen mit Ausharren." (Lk 8,15) Markus nutzt kein Sondergut,

---

[34] Vgl. Ebd., 142.
[35] Merz/Theißen: Der historische Jesus: Ein Lehrbuch, 307.
[36] Beispiel: „Gleichnis vom verlorenen Sohn" (Lk 15,11-32). Kann sogar noch heutzutage auf einen Streit um die Erbschaft bezogen werden.
[37] Vgl. Karrer: Jesus Christus im Neuen Testament, 236f.

sodass man bei ihm schwer Akzente erkennen kann, die Lukas und Matthäus wiederum, die das Markusevangelium als Grundlage hatten, bewusst durch ihr Sondergut setzten.[38]

Die Gleichnisse bieten die einzige Möglichkeit von Gott zu sprechen, denn nur die Bildrede oder die Gleichnisse vermögen in angemessener Weise von Gott zu reden.[39] Sie sind auf zwei verschiedene Weisen zu deuten. Diese eine Möglichkeit wäre, in den Gleichnissen den Sprechenden, also Jesus, als realen Vertreter Gottes zu sehen und den Gleichnissen somit die Präsenz Gottes durch seinen Stellvertreter Jesus zuzuschreiben. Das Problem hierbei wäre die metaphorische Grundstruktur zu verlieren und ihnen eine mythische Struktur anzuheften, die sie gar nicht beabsichtigen, da ein Mythos wörtlich verstanden werden soll. Demnach wären Gleichnisse Sprachereignisse, die eine Wirklichkeit schaffen. Dies nennen Merz und Theißen wortsakramentales Verständnis. Eine andere Möglichkeit wäre es die Gleichnisse als Zeichen Gottes an die Menschen zu interpretieren, wodurch sie keine real-Präsenz Gottes benötigen.

Dieses poetische Gleichnisverständnis schafft einen Spielraum, wodurch sich wirklichkeitserschließende Bilder beim Zuhörer manifestieren können. Diese Möglichkeit scheint wahrscheinlicher, da sie den metaphorischen Charakter dadurch nicht verlieren würden. Die Gleichnisse sollen prozessartig anregen, über Gott nachzudenken.[40] Außerdem sind die Gleichnisse und Bildreden die einzige Möglichkeit in angemessener religiöser Form von Gott zu sprechen und die Bilder, die bei der letzteren Interpretationsweise hervorgerufen werden, unterstützen diese anfangs genannte These.

2.3.2 Wunder

Neben den Gleichnissen gibt es eine zweite Kategorie in den Evangelien, die ausgiebig von Jesus spricht: Die Wunder (Mt 21,15). Per Definition geht es demnach um unfassbare Ereignisse, die sich bis heute dem entziehen, was man zu glauben vermag. Es lässt sich nicht verleugnen, dass Jesus in den Wundern seine Allmacht darstellt. Was genau Jesus in seinen Wundern tat, zeigt in besonderer Weise der Evangelist Lukas: „Wenn ich aber durch den Finger Gottes die Dämonen austreibe,

---

[38] Vgl. Ebd., 239.
[39] Vgl. Merz/Theißen: Der historische Jesus: Ein Lehrbuch, 308.
[40] Vgl. Ebd., 308f.

so ist also das Reich Gottes zu euch gekommen." (Lk 11,20) Ähnliches ist in abgeschwächter Form bei Markus wiederzufinden: „Wie kann Satan den Satan austreiben?" (Mk 3,23) Demzufolge war Jesus als Exorzist tätig.[41] Hier sieht man, dass Jesus angefeindet und nicht immer mit offenen Armen empfangen wurde. Die Schriftgelehrten, die ihn als „Beelzebul" (Mk 3,22) und nach heutigem Verständnis, als Exorzist betiteln, glauben er führe etwas Böses im Schilde und begegnen ihm nicht nur mit Misstrauen, sondern offener Lästerung. Die Botschaft der Wundergeschichten, soll der Adressat für sich selbst herausinterpretieren. Im Markusevangelium stehen die Wunder in einer besonderen Quantität zum Restinhalt. Eine in sich stimmige Wunderchristologie, lässt sich bei ihm nicht ableiten. Deswegen legen die jüngeren Synoptiker andere Schwerpunkte in ihren Evangelien. Bei Lukas stehen Jesus und Gott in einem gegenseitigen Abhängigkeitsverhältnis zueinander: Jesus heilt aus Gottes Kraft „(...) des Herrn Kraft war da, damit er heilte." (Lk 5,17), sodass man Gott in erster Linie loben sollte. Dieser wiederum stellt Jesus in den Fokus der Öffentlichkeit, da er ihn zum Vollstrecker der Wunder macht.[42] Der Evangelist Johannes benutzt eine andere Wortwahl bei den Wundern, als die Synoptiker. Er nennt sie Zeichen. Auch in den Zeichen wird Gottes Handeln verdeutlicht, sie bezeugen, dass Jesus von Gott erwählt wurde. Man sieht an dem „Der Geheilte und die Juden" (Joh 9,8-41) was passiert, wenn man sich von Jesus abwendet: Man gelangt nicht in das Reich Gottes. Es gibt jene, die ihn als Erlöser erkennen, aber auch solche, die ihm misstrauen. Johannes verlängert die Wirkzeit des irdischen Jesus und macht ihm zum Subjekt des Vollzugs von Gottes Handeln. Es gibt bei Johannes keine eindeutige Zeichenchristologie.[43]

Zusammenfassend lässt sich feststellen, dass die Wunder, die sich um die Person Jesus ranken, einen direkten Beweis des Handelns Gottes durch Jesus liefern. Jesus ist Gottes Exekutive, die sich nicht nur auf seinen Körper beschränkt, sondern auch auf seine Aura übergreift. Es ist nicht das Handeln Jesu selbst, sondern ein Zugriff Gottes auf die Menschen.[44] Wunder geschehen, wenn Gott handelt. Die Umsetzung der Wunder passiert jedoch durch einen irdischen Handelnden, nämlich Jesus. Sie stehen für die Heilung und Rettung, wobei die „Verfluchung des Feigenbaumes" (Mk 11,12-19) eine einmalige Handlung Jesu darstellt und deswegen

---

[41] Vgl. Karrer: Jesus Christus im Neuen Testament, 247f.
[42] Vgl. Ebd., 253–255.
[43] Vgl. Ebd., 256–258.
[44] Vgl. Ebd., 251.

wahrscheinlich nicht von Matthäus und Lukas übernommen wurde. Zweifelsohne musste Jesus demnach, da er Wunder wirkte, etwas Besonderes sein. Das Jesus wenigstens als Heiler gewirkt hat, könnte man historisch an zwei Punkten beweisen. Erstens passen die Wunderberichte in den Passus der antiken Überlieferungen. Mehrfach wird Jesus als Ursprung der Wundertaten genannt. Wenn mehrere unabhängige Quellen übereinstimmend von diesem Mann, der Wunder wirkte sprechen, ist die Historizität wahrscheinlich. Zweitens gibt es Übereinstimmungen zu antiken Phänomenen, die sich in der Wirkungs- und Kontextplausibilität individualisieren.[45]

2.3.3 Heilungen

Durch das Wort „Exorzist" sieht man sich gleich einer Dämonisierung gegenüber, die dem Denken der damaligen Zeit entspricht. Man glaubte damals der Befall von Krankheit sei durch Dämonen verursacht. Eine weitere wichtige Kategorie in den Evangelien sind die Heilungen. Im lukanischen Sondergut „Heilung des Dieners eines Hauptmanns" (Lk 7,1-10) muss die kranke Person keinen direkten Kontakt mit Jesus haben, um geheilt zu werden. Im Gegensatz dazu, bedarf es im Markusevangelium lediglich der Präsenz Jesu, damit eine Heilung vollzogen werden kann, wie man in der „Heilung der blutflüssigen Frau - Auferweckung der Tochter des Jairus" (Mk 5,21-34) erfährt. Die Besonderheit an dieser Heilung ist, dass sie nicht aktiv durch den Willen Jesu geschieht, sondern davor durch eine Berührung, die er gar nicht bemerkte. Dies stellt Jesus in einen noch erhabeneren Kontext, da scheinbar seine Aura bereits heilen kann. Festzuhalten ist: Wo Jesus wirkt, können Blinde wieder Sehen, Gelähmte wieder gehen, Arme werden reich und Kranke werden gesund. Darin kann man Gottes Wirken durch Jesus erkennen, denn wo er wirkt, geschehen Dinge, die nach allen vorhandenen Naturgesetzen nicht geschehen dürften. Dennoch tun sie es. Gott greift durch Jesus aktiv in das Leben der Menschen ein.[46]

In diversen Evangelien erscheint die Bezeichnung, dass Jesus der Heilige Gottes sei. Ausgangspunkt ist, wie so oft, das Markusevangelium. Er beschreibt Jesus als „(...) der Heilige Gottes." (Mk 1,24) Lukas übernimmt dies: „Ich kenne dich, wer du bist: der Heilige Gottes." (Lk 4,34), sowie ebenfalls Johannes: „(...) dass du der Heilige

---

[45] Vgl. Merz/Theißen: Der historische Jesus: Ein Lehrbuch, 279f.
[46] Vgl. Karrer: Jesus Christus im Neuen Testament, 248f.

Gottes bist." (Joh 6,69). Im Matthäusevangelium erhält Jesus nicht das „Heilig-Attribut".[47] Gründe hierfür sind in der aktuellen Forschung nicht ersichtlich.

Abschließend ist festzuhalten, dass sich in den Gleichnissen, Wundern und Heilungen die Einwirkung Gottes entfaltet. Sie repräsentieren den speziellen Gottesbezug von Jesus zu seinem Vater. Man scheut sich dennoch vor einer Überinterpretation, durch die eine Abspaltung von Rest der Evangelien geschehen könnte.

Es ist wichtig zu betonen, dass sie ein Teil des Wirkens Jesu repräsentieren, nicht mehr nicht weniger. Aus diesem Grund spricht die aktuelle Theologieforschung nicht von einer Christologie der Wunder. Man muss vielmehr die Wundergeschichten in die Christologie adaptieren. Dennoch folgen die Wunder bis heute, bezogen auf die Christologie, keinem Roten Faden.[48]

2.4 Die Jünger

In den Evangelien treten drei unterschiedlichen Typen der Berufung der Jünger auf. Der erste Typus ist der markinische. Hier werden die Jünger direkt von ihrer Arbeit heraus in die Nachfolge Jesu einberufen (Mk 116-20). Ein weiterer Typus kommt in der Logienquelle vor, wo die Entscheidung der Nachfolge vom Jünger selbst bestimmt, aber durch Jesus geprüft wird (Mt 8,18-22 und Lk 9,57-62). Der letzte Typus ist der johanneische. Ein Jünger tritt durch die Berufung eines bereits bestehenden Jüngers in die Nachfolge Jesu ein (Joh 1,35-51). Die Nachfolge ist stets wörtlich zu verstehen, sie begleiten Jesus auf seinen Weg und reisen mit ihm. Sie sind Schüler, die dem Lehrer folgen oder Anhänger, die ihrem Propheten nacheifern.[49] Betrachtet man beide Parteien, Prophet und Anhänger, muss die Bezeichnung des Charismatikers genauer erläutert werden. Charismen sind besondere Talente, bei Jesus ist es beispielsweise die Macht zu heilen. Jesus ist ein Primärcharismatiker, niemand steht ihm gleich. Die Jünger werden durch seine Nachfolge Sekundärcharismatiker, denen Jesus einen Teil seiner Vollmacht überlässt. Damit sind sie mehr als nur bloße Jünger, da sie von Jesus in diesen besonderen Status des Charismatikers erhoben wurden.[50]

---

[47] Vgl. Ebd., 260.
[48] Vgl. Ebd., 261f.
[49] Vgl. Merz/Theißen: Der historische Jesus: Ein Lehrbuch, 198.
[50] Vgl. Ebd., 199.

Es gibt gewissen Merkmale der Jüngerschaft, die in diesem Abschnitt Erwähnung finden sollen. Da die Jüngerschaft eine vollkommene Bindung an Jesus mit sich brachte, die sogar so weit ging nicht nur das eigene Leben hinter sich zu lassen, sondern auch Verstöße gegen die Gebote auf sich zu nehmen (Mt 8,21), war es nicht verwunderlich, dass sie nicht weniger angefeindet wurden, als Jesus selbst.

Ein Jünger stigmatisierte sich selbst. Außerdem teilten sie die Macht Jesus und konnten heilen (Lk 10,9) und Dämonen austreiben (Mk 3,15). Sie verbreiten die Ankündigung des Heils und das nahende Jüngste Gericht. Dafür verspricht die Jüngerschaft eine Teilhabe an der Verheißung. Den zwölf Auserwählten wird eine gehobene Stellung im Reich Gottes zugesprochen, wodurch sie mit Jesus eine Art Kollektivmessianismus bilden.[51]

Die Jünger sind ein zentrales Kriterium zur Erfüllung des Heilsweges. Diese werden auf den Weg der Nachfolge Jesus geführt und gelten als wichtige Botschafter, bezogen auf die eschatologische Verkündigung. Gleichzeitig spiegelt sich in ihnen eine kirchenähnliche Gemeinschaft dar. Man könnte sie mit Gemeindemitgliedern vergleichen.[52]

Da sich die Jünger auf dem Weg der Nachfolge Jesu befinden, ist zunächst festzuhalten, wie sie dieser Weg genau definiert. Jesus ist ein Reisender ohne festen Wohnsitz. Man könnte ihn zurecht als heimatlos bezeichnen, wie er auch selbst zugibt: „(...) aber der Sohn des Menschen hat nicht, wo er das Haupt hinlege." (Mt 8,20). Als Resultat der Heimatlosigkeit ergibt sich ein Leben ohne Familie, was er offen bei seinen Jüngern anspricht: „Folge mir nach, und lass die Toten ihre Toten begraben." (Mt 8,22). Wer nun bereit ist Jesus zu folgen, muss sich dieser Faktoren bewusst sein.[53] Es stellt sich die Frage wer diese Jünger Jesu sind und was sie dazu veranlasst hat ihm nachzufolgen und wie genau ihr Leben mit Jesus aussieht.

Der erste Schritt ist die Berufung. Ein Mensch hört von den Lehren Jesu und entscheidet sich dafür diesem Mann zu folgen. Sie lassen ihr bisheriges Leben hinter sich und leben mit Jesus zusammen. Der Mensch ist vergessen, nun sind sie die Jünger Jesu. Zu den ersten vier Jünger gehören die Brüder Simon und Andreas sowie Jakobus und Johannes. Jesus wurde bereits getauft und auf eine Bewährungsprobe in der Wüste gestellt, die er erfolgreich meisterte. Jesus geht aktiv auf die Fischer

---

[51] Vgl. Ebd., 199f.
[52] Vgl. Chung: Gottes Weg mit den Menschen, 13f.
[53] Vgl. Ebd., 231.

zu und ruft sie zur Nachfolge auf. Sie leisten der Aufforderung unverzüglich Folge. Der Gehorsam der Berufenen ist ein wichtiges Nachfolgekriterium.

Die Jüngerschaft steht somit unter dem Kriterium sich auf etwas einzulassen von dem man nicht weiß, was einen erwartet. Sicher ist nur, dass man dafür ein Opfer bringen muss.[54]

Begriffsgeschichtlich lässt sich der Begriff „Jünger" auf „hinter jemandem hergehen" zurückführen. Diese Worte bestätigen die Funktion der Jünger in die Nachfolge Jesu zu treten. Durch das radikale Motiv der Heimatlosigkeit (Mt 8,20; Mk 8,34; Lk 9,23), Familienlosigkeit (Mt 8,22) und Besitzlosigkeit (Mt 19,21) werden soziale Verflechtungen zwischen dem Jünger und seinem Leben abgerissen und damit wird Jesus zugleich zu seinem neuen Lebenszentrum. Die Nachfolge wird bewusst nicht als eine Entscheidung dargestellt, die einfach ist, sondern benutzt die Funktion Jesus als Sohn Gottes mit einer Vollmacht, die sogar gestandene Männer und Frauen soweit in ihren Bann zieht, sodass diese bereit sind ihr Leben für ihn aufzugeben. Die Nachfolge vermag den Eindruck zu erwecken, einen radikalen Beigeschmack zu haben. Dies ist dadurch begründet, dass das Ziel der Nachfolge ein glückliches Leben im Himmelreich sein wird. Schlussendlich führt das Entbehren zu der positivsten Wendung, die möglich ist. Der missionarische Charakter wird durch den radikalen Eingriff in das Leben der Jünger unterstützt. Die Jünger verstehen die Worte Jesu, wie keine zweiten, denn sie sind seine Schüler.[55] Es ist für die erfolgreiche Mission der Errettung der Menschen vor der Sünde notwendig das Evangelium zu verkünden. Dies ist die Aufgabe der Jünger, die sich ihre Legitimation dafür von Jesus leihen. Durch ihre Erwählung erhalten sie demnach die Vollmacht Jesu das Evangelium zu verkünden. Vergleicht man das Matthäusevangelium mit dem Markusevangelium, wird bei ersterem eine Verbindung zwischen dem Erhalten der Vollmacht der Jünger und ihrer Aussendung gezogen. Laut Matthäus haben die Jünger bereits so viel von ihrem Lehrer lernen können, dass sie bereit sind das Evangelium zu verkünden (Mt 10,1) und dies durch die Missionsreise auch tun sollen (Mt 10,5). Bei Markus ist dies anders. Er spannt einen weiteren Bogen von der Bevollmächtigung bis zur Aussendung. Die Vollmacht erhalten sie in Mk 3,13f und die tatsächliche Reise beginnt erst in Mk 6,7.

---

[54] Vgl. Ebd., 233–236.
[55] Vgl. Ebd., 239–241.

Die vorher erwähnten Erträge aus dem Lernen von Jesus sind, dass ihnen das Geheimnis der Himmelsherrschaft zugetragen wurde und es auch verstehen.[56]

Die zwölf Jünger, die das Evangelium verbreiteten hießen Simon, dessen Beiname Petrus ist, Jakobus und Johannes, dessen Beiname Boanerges wurde, Andreas und Philippus, Bartholomäus und Matthäus, Thomas und Jakobus, Thaddäus und Simon und Judas (Mt 10,2-4 sowie Mk 3,13-19). Mit ihrer Bevollmächtigung wurden sie zu Aposteln. Die matthäische Bezeichnung Apostel ist an die Zahl „Zwölf" angelehnt. Dies bekommt vor allem im Matthäusevangelium einen speziellen Wert, da dieser betont, dass die Jünger und Apostel identisch sind. In keinem anderen synoptischen Evangelium werden die zwölf erwählten Jünger namentlich vom Autor aufgezählt, sondern immer spricht Jesus die Namen aus und benennt damit diese (Vgl. Mt 10,2 mit Mk 3,13, Lk 6,13). Bei Markus und Lukas wird eindeutig Jesus, als Verkünder der Namen genannt.[57]

2.5 Kreuzestod und Auferstehung

Alle vier Evangelien sind sich einig, dass Jesus an einem Freitag starb. Die Synoptiker kennzeichnen diesen Tag mit dem ersten Tag des Passahfestes. Johannes schreibt es wäre der Rüsttag des Passahfestes gewesen. Die Aufzeichnungen der Synoptiker könnten nach Joachim Jeremias, erwähnt von Merz/Theißen, zutreffend sein, da das letzte Abendmahl ein Passahmahl war, welchen vom 14. auf den 15. Nisan eingenommen wird. Die johanneische Überlieferung wäre demnach einen Tag zu früh.[58] Das Abendmahl fand nachts statt und es wurde Wein getrunken, darin sind sich alle Evangelien einig. Neben der Deutung des Todestages nach den Synoptikern, gibt es viele Exegeten, die der johanneischen Überlieferung zustimmen. Dies erklärt sich dadurch, dass nach ihnen nur so Jesus am Passahmahl teilnehmen konnte und sein Tod zur Zeit der Schlachtung der Passahlämmer geschah, was Jesus im Besonderen als Passahlamm ausweist.[59]

---

[56] Vgl. Ebd., 253.
[57] Vgl. Ebd., 257f.
[58] Vgl. Merz/Theißen: Der historische Jesus: Ein Lehrbuch, 152-153.
[59] Vgl. Ebd.

Um den Tod Jesu als Heilsereignis zu verstehen, ist es wichtig sich ihm nicht von einem defizitären Ansatz zu nähern, sondern die Erweckung als etwas heilvolles zu verstehen. Der Tod Jesu war heilsbringend, genau wie sein Leben. Wirken und Tod sind im Heil vereint.[60]

Gleichwohl es nun nicht mehr in den Evangelien belegbar ist, welche Reichweite der Tod Jesu hatte, soll dennoch ein kurzer Einblick in das Nachwirken des Todes Jesu gegeben werden. Jesus nahm als Sühneopfer allen jüdischen Menschen, die daran teilhaben wollten, die Sünde und machte sie rein vor Gott. Dieses Heilsangebot kann infolgedessen für immer weitere Volksgruppen bestehen. Dadurch dass Gott ein einziges Mal heilvoll wirkte, kann durch den Tod Jesu, die heilvolle Handlung immer wieder durchlaufen werden. Das Heilsereignis war damit noch nicht abgeschlossen, man musste nicht anwesend oder Wegbegleiter Jesu sein, sondern kann bis heute erlöst werden, wenn man daran glaubt.[61]

> „Der Tod Jesu ist die Folge von Spannungen zwischen einem vom Lande kommenden Charismatiker und einer städtischen Elite, zwischen einer jüdischen Erneuerungsbewegung und römischer Fremdherrschaft, zwischen dem Verkündiger kosmischen Wandels, der auch den Tempel verwandeln sollte, und den Vertretern des status quo."[62]

Die Römer sahen sich durch die kommende Tempelaristokratie bedroht. Jesus wollte sich zwar keine Krone auf den Kopf setzen und über das Land regieren, aber er verkündete das nahende Reich Gottes in dem alle Rollen vertauscht sein sollten: Die Armen werden reich, die Reichen werden arm. Jesus stieß die vorherrschende Regierung vor den Kopf, wodurch nicht nur sie, sondern auch einfache Menschen ihm gegenüber misstrauisch wurden. Die Juden forderten seinen Tod, die Heiden kreuzigten ihn. Die Jünger verrieten ihn oder ließen ihn im Stich. Wer ist nun der Schuldige am Tode Jesu? Man kann es nicht sagen. Was man sehr wohl sagen kann, ist aber wer über ihn gerichtet hat: Die Römer.[63]

Möglicherweise war Maria Magdalena die erste Zeugin der Auferstehung. Diese Ansicht wurde jedoch durch Petrus verdrängt und ging nicht in die Überlieferungen ein. Der erste Korintherbrief spricht von ihm als ersten Auferstehungszeugen.

---

[60] Vgl. Schreiber: Die Anfänge der Christologie, 82.
[61] Vgl. Ebd., 90f.
[62] Merz/Theißen: Der historische Jesus: Ein Lehrbuch, 408.
[63] Vgl. Ebd., 408f.

Hinterfragt man die Historizität dieses Ereignisses, muss man feststellen, dass es nicht möglich ist und war, dass ein Toter wieder lebendig wird. Die Auferstehung ist demnach kein historisches Ereignis. Sie ist aber sehr wohl analogetisch zu verstehen. Es gibt diverse Interpretationen, die im Folgenden genannt werden: Marxsens Osterdeutung geht nicht von einem historischen Ereignis aus. [64] Im Zentrum seiner Osterdeutung steht, die Weiterverkündigung durch Jünger. Nach ihm bedeute die Auferstehung Jesu, dass seine Sache weiterginge. Eine weitere Deutung erschließt sich Bultmann. Auch er distanziert sich von der Auferstehung als historisches Ereignis und sieht in ihr ein mythisches Geschehen. Der Osterglaube ist die Antwort auf die Ansprache Gottes und deswegen nicht rational erklärbar.[65] Karl Barth nähert sich der Ostertheologie von der Seite der alleinigen Gottestat. Alles was vor der Auferstehung geschähe, hätte historischen Charakter, aber an der Auferstehung handele allein Gott und Gott entziehe sich der Historizität. Er stellt sich damit gegen die Interpretation Bultmann und sieht in der Auferstehung den Keim eines historischen Geschehens, welches sich durch Gottes Handeln dennoch dem menschlich nachvollziehbaren entzieht. Lediglich im Glauben ist die Auferstehung greifbar.[66] Die Interpretation Pannenbergs versucht ebenfalls eine Historizität verständlich zu machen, indem er Postulate entwickelt. Er kombiniert die Universalgeschichte mit der Anthropologie und der Naturwissenschaft. Der Mensch erwartet, dass er nach seinem Ableben, in einer für ihn unbestimmten Form weiterlebt.[67] Keine der Interpretationen steht für sich als „die Richtige". Es beschäftigt die Forschung bis heute, wie es dazu kam, dass Jesus den Tod überwinden konnte. Dieses Ereignis hat sich niemals wiederholt, sodass es nicht zu neuen Erkenntnissen darüber kommt und man sich schlichtweg nur über Analogien an das Thema heranwenden kann.[68]

2.5.1 Der Kreuzestod bei Markus

Der Kreuzestod bei Markus lässt sich unter der „Lösegeld-Metapher" betrachten. Nach seiner Vorstellung ist der Tod Jesu die logische Konsequenz der Verkündigung. Jesus befreit mit seinem Tod die Menschheit aus den Fängen der Blindheit, in

---

[64] Vgl. Ebd., 439–443.
[65] Vgl. Ebd.
[66] Vgl. Ebd.
[67] Vgl. Ebd.
[68] Vgl. Ebd.

der sie vor seinem Erscheinen lebten. Der Tod Jesu steht für die Befreiung der Menschheit, er begab sich in den Tod als „Lösegeld". Wer sich Gott vollends hingibt, so wie Jesus, kann die ganze Welt verändern. Durch den Tod Jesu wird das damalige Denken umgestoßen und ermöglicht dadurch, wie ein Gott an höhere Ziele zu denken. Durch den durch Gott handelnden Jesus, erkennen die Menschen ihr sündhaftes Leben. Der Tod Jesu steht demnach bei Markus für einen Systemwechsel.[69] Dies wird zusätzlich durch die rein von Markus gewählten Worte, die Jesus bei der Hinrichtung sprach, unterstützt: „Mein Gott, mein Gott, warum hast du mich verlassen?" (Mk 15,34) Hier sticht der gewollte Bezug zu Psalm 22,2 hervor. Es scheint, dass der Autor des Markusevangeliums sich bewusst auf diesen Psalm des Alten Testaments bezieht und die Kreuzigung Jesu eine Parallele dazu ist. Denn auch im Psalm 22, geht es um das scheinbare von Gott in höchster Not verlassen werden, denn David spricht: „Mein Gott, ich rufe bei Tage, und du antwortest nicht (...)" (Ps 22,3). Die Auferstehung Jesu, wird ebenfalls angekündigt: „Auf dich vertrauten unsere Väter; sie vertrauten, und du rettetest sie." (Ps 22,5) Auch Jesus vertraute auf Gott und wurde mit der Auferstehung für sein Vertrauen belohnt. Seine Hoffnung war demnach erfüllt worden.

Die Passionsgeschichte des Markusevangeliums betont immer wieder die ungebrochene Gottesbeziehung zwischen Gott und Jesus. Zudem betont der Autor die Unschuld Jesu. Auf dieser Basis wird deutlich, dass Jesus zu Unrecht getötet wurde und er tatsächlich in einer besonderen Beziehung zu Gott stand. Dies versinnbildlicht Markus mit dem Zerreißen des Tempelvorhangs (Mk 15,38) in der Todeskunde, ein Symbol der göttlichen Legitimation. Hinzu kommt, dass Jesus bewusst ist, dass er verraten und verurteilt werden wird und sich dennoch diesem Schicksal freiwillig ergibt. Ihm ist bewusst, dass Gott dies von ihm erwartet und so tut er es, ohne Gottes Entscheidung infrage zu stellen.

Dadurch, dass er der Menschensohn ist, erhält er die Fähigkeit die Sünden von uns zu nehmen. Seine spezielle Fähigkeit erfährt im Herrenmahl eine besondere Bedeutung. Er teilt mit seinen Schülern seinen drohenden Tod indem er seinen Leib/Laib bricht und sein/en Blut/Wein vergießt. Durch diese rituelle Handlung ist es der Gemeinde auch nach seinem Tod möglich, dieses tragende Erlebnis zu wiederholen. Dadurch bleibt Jesus für alle weiterhin erfahrbar. Jesus geht mit seinen Jüngern einen Bund ein.[70] Mit dem Tod Jesus verbindet Markus die seit der

---

[69] Vgl. Stiewe/Vouga: Bedeutung und Deutung des Todes Jesu im Neuen Testament, 57.
[70] Vgl. Schreiber: Die Anfänge der Christologie, 162–164.

urchristlichen Zeit bestehende Hoffnung auf seine Erweckung, Erhöhung und Wiederkehr. Ersterer Punkt wird im Evangelium erwähnt: „Er ist auferweckt worden, er ist nicht hier." (Mk 16,6) Da sein Körper nicht mehr im Grab verweilt, wurde Jesus bei Gott aufgenommen, was ihn zugleich als Gottessohn legitimiert.[71]

Das Markusevangelium setzt seinen Fokus auf das beständige Bleiben Jesu, auch nach seinem Ableben. Dies wird insbesondere durch das offene Ende bestätigt. Jesus spricht noch ein letztes Mal zu seinen Jüngern, übergibt ihnen die Vollmacht weiterhin Gläubige auf seinen Weg zu berufen und wird alsbald von Gott in den Himmel berufen. Demnach lebt Jesus in jedem Gläubigen weiter und behält irdische Präsenz. Das christologische Zentrum des Markusevangeliums ist die Nachfolge.[72]

2.5.2 Der Kreuzestod bei Matthäus

Das Matthäusevangelium entstand etwa 10-20 Jahre nach dem Markusevangelium, um 80-90 n. Chr.. Der Autor nutze neben dem Markusevangelium die Logienquelle, sowie Sondergut. Daraus ergibt sich eine ähnliche Christologie, wie die markinische mit einem Schwerpunkt auf der Abstammung Jesu, Jesus als Lehrer und der Betonung seines ewigen Daseins in der Gemeinde, trotz seines Todes. Bereits zu Anfang seines Evangeliums stellt Matthäus die doppelte Abstammungslinie Jesu heraus: Zum einen die königliche als „Sohnes Davids" (Mt 1,1) und zum anderen die messianische als „Sohnes Abrahams" (Mt 1,1).

Matthäus ergänzt das Markusevangelium um die Geburtsgeschichte Jesu. Die göttliche Zeugung eines Königs und das Zurückführen auf eine außergewöhnliche Abstammungslinie waren typische antikes Motive zur Legitimation eines Herrschers. Bei Jesus wird es um die Befruchtung durch den Heiligen Geist erweitert, wodurch er einerseits dem Volke Israel als König legitimiert wird und andererseits eine besondere Gottesverbindung erfährt. Gleichzeitig bedeutet die Befruchtung durch den Heiligen Geist eine passive Rolle Gottes und eine Abweichung der Taufszene. Der Heilige Geist ist seit Jesu Geburt ein Teil von ihm, weshalb Matthäus von der markinischen Vorlage abweichen musste.[73] Eine weitere Unterscheidung gibt es neben der Lehrertypologie, die in dieser Arbeit weniger Erwähnung finden soll, in dem Sterben Jesu. Wie Markus ist bei Matthäus Jesus ein leidender Gerechter.

---

[71] Vgl. Ebd., 165.
[72] Vgl. Ebd., 166.
[73] Vgl. Ebd., 166–168.

Dieses Motiv führt er sogar noch weiter aus, da er der Frau des Pontius Pilatus einen Traum träumen lässt, durch den sie Jesus als gerecht erkennt und dies auch ihrem Mann mitteilt: „Während er aber auf dem Richterstuhl saß, sandte seine Frau zu ihm und ließ ihm sagen: Habe du nichts zu schaffen mit jenem Gerechten! Denn im Traum habe ich heute um seinetwillen viel gelitten." (Mt 27,19) Weiterhin bestärkt Matthäus die markinischen Zeichen und Symbole, indem er beim Tode Jesu zu dem Zerreißen den Tempelvorhanges (Mt 27,51) ein Erdbeben (Mt 27,51), Graböffnungen (Mt 27,52) und die Erweckung Heiliger (Mt 27,52) hinzufügt. Damit ist der Tod Jesu bei Matthäus eindeutig als Beginn des Heils zu verstehen.[74] Soteriologische Deutungen des Markusevangeliums werden weitestgehend von Matthäus übernommen und nur das Becherwort um die Worte „(...) zur Vergebung der Sünden." (Mt 26,28) ergänzt, sodass der Tod Jesu im speziellen von der Sündenvergebung geprägt ist. Der Leitfaden: Erhöhung, Erweckung und bleibende Gegenwart, wird bei Matthäus auf Letzterem akzentuiert. Jesus letzte Erscheinung vor seinen Jüngern steht im Sinnbild seiner umfassenden Herrschaft und seiner ewigen Präsenz in seiner Gemeinde. Seine Botschaft soll weit über die Grenzen Israels hinaus allen Völkern zugänglich werden, um somit schlussendlich die Immanuel-Verheißung „Gott mit uns" zu erfüllen.[75]

Der Tod Jesu ist bei Matthäus unausweichlich, um die Wahrheit seiner Worte zu bekräftigen. Jesus muss sterben, weil die Menschen seinen Worten nicht glauben und ihnen seine Worte Angst machen. Genau damit bestätigen sie aber die Wahrheit seiner Worte, denn wenn sie nicht wahr wären, hätte eine Hinrichtung keinen Sinn. Deswegen verliert Jesus am Kreuz auch keine weiteren Worte. Er schweigt, um seinem Gesagten mehr Ausdruck zu verleihen.[76]

2.5.3 Der Kreuzestod bei Lukas

Dadurch, dass das Lukasevangelium und die Apostelgeschichte eine Einheit bilden, werden nun beide unter dem Kreuzestod- und Auferstehungsaspekt betrachtet. Das so genannte lukanische Doppelwerk unterscheidet sich zunächst formgeschichtlich, da es sich bei dem Lukasevangelium um eine Vita Jesu handelt und bei

---

[74] Vgl. Ebd., 172f.
[75] Vgl. Ebd., 173f.
[76] Vgl. Stiewe/Vouga: Bedeutung und Deutung des Todes Jesu im Neuen Testament, 63.

der Apostelgeschichte um eine historische Monographie.[77] Lukas trennt die Lebensgeschichte Jesu von der Anfangsverkündigung. Dem Autor musste es gelingen die beiden Werke christologisch einheitlich zu verfassen. Dies tat er, indem er die Geburtsgeschichte in einer Weltgeschichte und die Erscheinungen Jesu unter heilgeschichtlichen Kontext beschrieb und damit einen fließenden Übergang der beiden Phasen schaffte.[78] Im Wesentlichen übernimmt der Autor des Lukasevangeliums die Passionsgeschichte des Markusevangeliums, setzt jedoch, wie Matthäus, einen Akzent auf die Unschuld Jesu. Diese betont er an drei Stellen durch verschiedene Akteure. Zum einen bezeichnet ihn der Hauptmann als gerecht (Lk 23,47) und zuvor Pontius Pilatus als unschuldig (Lk 23,4). Zuletzt verteidigt ihn ein Mitgekreuzigter vor einem anderen, der über Jesus lästert, mit den Worten: „Und wir zwar mit Recht, denn wir empfangen, was unsere Taten Wert sind; dieser aber hat nichts Ungeziemendes getan" (Lk 23,41) Durch diesen Mitgekreuzigten, welcher für Jesus Partei ergreift, stellt Lukas den soteriologischen Akzent in den Fokus, indem Jesus diesen Einsichtigen die Teilhabe am Paradies zusichert (Lk 23,43).[79]

Die Einheit von Erweckung und Erhöhung Jesu bleibt auch bei Lukas bestehen. Anders als die anderen Evangelien, stellt sich die Himmelfahrt bei ihm in einem separaten Abschnitt dar. Jesus segnet zum Abschied seine Jünger und fährt hinauf in den Himmel. Die Erhebung in den Himmel kennzeichnet die Erhöhung eines Menschen in den Gottesstand. Dieses Phänomen nennt man Entrückung, die schon an dem leeren Grab Anklang findet, da die Unauffindbarkeit des Leichnams bereits ein Vorbote der Entrückung war. Damit weist der Autor auf die Teilhabe Jesu an der Allmacht Gottes hin.[80] Für Lukas steht der Kreuzestod Jesu für die Erfüllung der Geschichte Israels und der gesamten Menschheit. Im Tod Jesu wird der vorherige Ungehorsam der Menschen sichtbar und in der Auferstehung der Heilswille Gottes offenbar. Ähnlich wie bei Matthäus, spricht auch die lukanische Kreuzestheologie das sündhafte Vorleben der Menschheit als Auslöser der Hinrichtung an. Das bei Lukas die gesamte Menschheit am Heil teilhaben soll, erkennt man an seiner Abstammungsaufzeichnung, wo der Stammbaum Jesus sich bis auf Adam zurückführen lässt (Lk 3,38) und damit die gesamte Menschheit eingeschlossen wird.[81]

---

[77] Vgl. Schreiber: Die Anfänge der Christologie, 174.
[78] Vgl. Ebd.
[79] Vgl. Ebd., 179.
[80] Vgl. Ebd., 185f.
[81] Vgl. Stiewe/Vouga: Bedeutung und Deutung des Todes Jesu im Neuen Testament, 89f.

2.5.4 Der Kreuzestod bei Johannes

Nach den Synoptikern darf der Kreuzestod im Johannesevangelium nicht weniger Beachtung finden. Dieser steht ganz im Zeichen der Liebe. Der Tod Jesu ist ein Dienst aus Liebe zu den Menschen und damit auch ein Zeichen der Liebe Gottes zu seiner Schöpfung. Fernab des Sühneopfertodes, stellt das Johannesevangelium den Heilswillen Gottes in den Fokus. Das Motiv des Sterbens aus Liebe wiederholt sich an mehreren Stellen, wie bei „Der gute Hirte" (Joh 10,1-30) und „Das Gebot der Liebe" (Joh 15,9-17). Bei „Der gute Hirte" opfert sich der Hirte, um die Schafe zu retten, so wie Jesus sich opferte, um die Menschen zu erlösen. Jesus verliert aber dieses Leben nicht, sondern wird erhöht.[82]

Bei das „Gebot der Liebe" wird die ewig währende Liebe beschrieben, auf die der Mensch sich immer wieder einlassen soll, beispielsweise durch die Nächstenliebe. Auf die Sündenvergebung bezogen, ist der Gott des Johannesevangeliums ein aktiv Handelnder. Gott sendete den Menschen seinen Sohn, weil er uns liebte, obwohl wir ihn nicht liebten. Jesus wird damit zum Zeichen der Versöhnung zwischen Gott und den Menschen. In der Regel suchte wiederum der antike Mensch Versöhnung mit dem Gott und nicht andersherum. Auch hier sieht man das Motiv der Liebe bestätigt, denn aus Liebe wird hier ein Rollentausch vollzogen. Gott liebt die Menschen so sehr, dass er auch der Norm ausbricht.[83]

Das Symbol für die Heilswirkung durch Jesu Tod ist nach Johannes das Blut. Das Blut, vergossen durch den Sohn Gottes zeigt, erneut die Aktivität und Liebe Gottes, da er sie dadurch unmittelbar am Heil teilhaben lässt.[84]

Der Tod Jesu im Johannesevangelium steht ganz im Zeichen des Zusammenbringens von Vater und Sohn. Durch den Tod soll die Menschheit erlöst werden. Man kann den Tod Jesu im Johannesevangelium von unten und oben betrachten. Von unten her musste er sterben, weil er die vorherrschende Ordnung störte. Von oben her musste er sterben, damit die Menschen die Offenbarung erleben konnten. Von nun an haben die Menschen die Wahl an diese Offenbarung zu glauben und damit ein Teil des Reichs Gottes zu werden oder sie entscheiden sich dafür, wie gewohnt weiterzuleben und nicht am möglichen Heil teilzuhaben.[85]

---

[82] Vgl. Schreiber: Die Anfänge der Christologie, 214f.
[83] Vgl. Ebd., 215.
[84] Vgl. Ebd., 216.
[85] Vgl. Stiewe/Vouga: Bedeutung und Deutung des Todes Jesu im Neuen Testament, 106.

3 Fazit: Christologie in den Evangelien

Ziel der wissenschaftlichen Erarbeitung der Christologie in den Evangelien war es detailliert herauszustellen wer Jesus war und im speziellen, in welcher Form sich die Evangelien in der Darstellungsform von Jesus unterscheiden und auf welche Intentionen sich dies zurückführen lässt.

> „Wer war Jesus? Die erste Antwort ist: Er war ein jüdischer Charismatiker, der unabhängig von allen messianischen Rollenerwartungen eine außernormale Ausstrahlungs- und Irritationsmacht ausübte."[86]

Das obige Zitat entspricht einer allgemeingültigen Definition, die allen Evangelien gemein ist. Es obliegt dem Leser der Bibel, ein für ihn oder sie konformes Evangelium herauszusuchen mit dem er oder sie sich identifizieren kann. Dennoch setzte jedes Evangelium besondere Akzente, unabhängig vom Quellengut, welches ihnen zur Verfügung stand. Zwar bemerkt man einen starken Einfluss des Markusevangeliums bei Lukas und Matthäus, aber nichtsdestotrotz behalten sie ihre Eigenheit. Aus jedem Evangelium ergeben sich neue Erkenntnisse zur Person Jesu, die in besonderer Weise im Johannesevangelium von den Synoptikern abweichen. Ob Jesus eine historische Persönlichkeit war, sollte in dieser Arbeit nicht untersucht werden, denn es ist Ziel herauszustellen, wer Jesus in den Augen des jeweiligen Autors war. Für Markus ist Jesus der Befreier der Menschen aus dem Fesseln der vorherrschenden Macht und der Versuchung durch Dämonen. Er erfüllt. bei ihm in erster Linie den Erlöser-Charakter. Matthäus ist das ewige Bleiben Jesus in der Gemeinde von enormer Wichtigkeit. Lukas hingegen ist die Unschuld Jesu und der damit verbundene unzerstörbare Heilswille Gottes im Zentrum seines Evangeliums, wohingegen Johannes von der unendlichen Liebe Gottes zu seiner Schöpfung schreibt, die er selbst über das irdische Leben seines Sohnes stellt.

Die Theologie vom Kreuzestod Jesu ist bei den vier Evangelien auffällig unterschiedlich. Bei Markus ist es eine Theologie des Kreuzes. Jesus verzichtet darauf vom Kreuz hinabzusteigen und sich selbst zu retten, da sein Vertrauen in Gott grenzenlos ist. Die matthäische Theologie ist die des Wortes.

---

[86] Merz/Theißen: Der historische Jesus: Ein Lehrbuch, 486.

Es kommt im Laufe des Evangeliums zu einem Konflikt der Prophetie, bei dem Jesus schlussendlich den Tod besiegt. Bei Lukas handelt es sich um eine Theologie des kommenden Heils. Der Kreuzestod hat bei ihm in erster Linie eine dramatische Komponente, die die Menschheit wachrütteln soll. Die johanneische Theologie ist eine der Wiedergeburt. Durch Jesus Rückkehr zu seinem Vater ermöglicht er den Menschen, die glauben ewiges Leben. Die Deutungen in den Evangelien erscheinen teilweise konträr und nicht liniengleich. Dennoch folgen sie einer nachvollziehbaren Logik, die sich an einigen Gemeinsamkeiten orientiert, wie dem Vertrauen auf Gott, seiner Güte und seiner Liebe zu den Menschen.[87]

---

[87] Vgl. Stiewe/Vouga: Bedeutung und Deutung des Todes Jesu im Neuen Testament, 110f.

4 Die religionspädagogische Umsetzung als Didaktik der Christologie

Die Verbindung der zuvor genannten Christologie in den Religionsunterricht soll im Folgenden geschehen. Um nicht an der Fülle der Informationen und ihres hohen theologischen Anspruchs zu scheitern, soll deswegen der Elementarisierungsansatz nach Schweitzer Einklang in die fiktive geplante Unterrichtsstunde der Autorin dieser Arbeit finden. Hierbei ist es zum einen besonders wichtig, den Kern des Themas sinnstiftend zu vermitteln und ihn dadurch nicht so weit didaktisch zu reduzieren, dass der theologische Inhalt verloren geht. Der zweite wichtige Punkt den Schweitzer hinausstellt ist es, einen Lebensweltbezug darzustellen. Die Schülerinnen und Schüler[88] sollen sich mit dem Thema identifizieren können und sich in die damalige Situation hineinfühlen, um in eine möglichst anregende Diskussion zu treten. Warum genau diese beiden Punkte für einen guten Religionsunterricht (siehe Kapitel 4.1 und 4.1.1) sorgen, wird sich nun zeigen.

4.1 Elementarisierung im Religionsunterricht (Schweitzer)

Elementarisierung bezeichnet ein religionsdidaktisches Modell für die Vorbereitung und Gestaltung von (Religions-)Unterricht, das eine Konzentration auf pädagogisch elementare - also von den Inhalten ebenso wie von den Kindern und Jugendlichen (oder Erwachsenen) her grundlegend bedeutsame und für sie zugängliche - Lernvollzüge unterstützen soll.[89]

Die allgemeindidaktische Intention geht von den Themen und den Lerner aus und passt an diesen einen Unterricht an, welcher sich auf Grundlagen stützt. Neben dieser groben Orientierung muss es weitere elementare Faktoren geben, die einbezogen werden, wie Struktur, Erfahrung, Zugang, Lernform und Wahrheit. Schlussendlich sollen diese Strukturen in einem Wechselspiel miteinander wirken. Der Religionsunterricht, der sich an der Elementarisierung orientiert muss sowohl pädagogisch, als auch bildungstheoretisch begründbar sein. Es ist kein starres Konstrukt, welches jeden Faktor einzeln abarbeitet, sondern ein in sich geschlossener Kreis. Hier besteht die Möglichkeit jederzeit an einer x-beliebigen Stelle in den Kreis hineinzutreten. Dabei sei es nach Schweitzer wichtig, die Thematik nicht auf

---

[88] Im Folgenden SuS genannt.
[89] Schweitzer: Elementarisierung - ein religionsdidaktischer Ansatz: Einführende Darstellung, 10.

Bibelarbeit einzugrenzen, sondern auch weltliche Themen unter dem System der Elementarisierung zu betrachten.[90]

Der erste Schritt bei der Unterrichtsplanung ist die Auswahl von Inhalten und Themen. Dieser Herausforderung sieht sich jede Lehrperson, egal welchen Fachs, gegenübergestellt. Speziell im Religionsunterricht mit dem Grundlagenwerk der Bibel, stellt sich die Frage welche Textstellen als Material zur Erfüllung des Stundenziels zielführend sind. Daneben ergeben sich noch Themen wie die Kirchengeschichte, das heutige Bild des Christentums und die gesellschaftliche und globale Umsetzung christlicher Normen. Die Lehrpersonen fühlen sich stets mit einer Vielzahl von möglichen Themen konfrontiert. Bei der thematischen Auswahl hilft der Lehrperson Handwerkszeug, an dem er sich orientieren kann: Konzentration, Reduktion und Vereinfachung. Extrem wichtig ist hierbei, dass der Kern der Thematik trotzdem nicht verloren geht.[91]

> Versteht sich die Elementartheologie als ein rein innertheologisches Vorgehen, so fragt der Elementarisierungsansatz von Anfang an didaktisch oder pädagogisch und deshalb konstitutiv von der Beziehung zwischen der Sache und den Kindern und Jugendlichen her.[92]

Die Elementartheologie muss von der Elementarisierung unterschieden werden, da ersteres als rein innertheologisches Thema verstanden wird. Das Problem hierbei ist, dass es schwer ist mit einer Begrenzung auf ausschließlich theologische Themen SuS zu erreichen, da hier der Lebensweltbezug gänzlich fehlt. Außerdem stellt sich je nach Altersgruppe die Frage nach einer adäquaten Themen- und Materialauswahl, weshalb allein die Auswahl schon nicht reflektiert sein kann. Dennoch sind Elementartheologie und Elementarisierung keine Gegenspieler. Beide können wechselseitig neue Denkanstöße liefern.[93] Neben dem Kern der Sache besticht ein guter Religionsunterricht dadurch, die Erfahrungen der SuS einzubeziehen. Hier ist der bereits angesprochene Lebensweltbezug gemeint. Dieser stellt für den Unterricht einen Mehrwert dar, wenn beispielsweise Fragestellungen so formuliert werden, dass jeder etwas aus seinem eigenen Leben dazu mitteilen kann. Gleichnisse sind dafür besonders gut geeignet, da sich diese auf heutige

---

[90] Vgl. Ebd., 14f.
[91] Vgl. Ebd., 15f.
[92] Ebd., 16.
[93] Vgl. Ebd., 16f.

Situationen, wie im Elternhaus oder die Beziehung zwischen Geschwistern, übertragen lassen. Einen Lebensweltbezug im Unterricht herzustellen bedeutet jedoch nicht nur entsprechende Geschichten im Leben der SuS zu finden. Es besteht unter anderem die Möglichkeit über Dinge zu sprechen, die noch nie jemanden in ähnlicher Weise geschehen sind, über so genannte Kontrasterfahrungen, die zum Nachdenken über Neues anregen sollen[94]

Man kann die Schöpfung, den Mensch, die Erlösung, die Sakramente und die Worte Gottes bereits als eine Reduktion verstehen, durch die Gott versucht sich selbst für unser Verständnis greifbar zu machen. Das didaktische Reduzieren im Religionsunterricht ist die Aufgabe des Religionslehrers.

Durch Gottes Reduktion erscheint uns diese Möglichkeit der theologischen Wissensvermittlung bereits durch den Glauben gegeben. Theologische Texte zu verstehen, stellt die SuS vor eine schwierige Aufgabe. Die Lehrperson muss demnach durch Reduktion eine Greifbarkeit erwirken. Man muss sich auf die Lerngruppe einlassen und nicht als Experte die SuS mit abstraktem Wissen abschrecken. Wird diese Reduktion auf die Persönlichkeit der SuS zugeschnitten, entfaltet sie ihr wahres Können: Das Hervorrufen von Verständnis.[95]

Die Schülerschaft bringt unterschiedliche Welt- und Wertvorstellungen mit in den Unterricht. Nicht jeder versteht einen Text gleich oder deutet ihn wie der andere. Darauf muss im Unterricht geachtet werden. Die Lehrperson muss sich einem Perspektivwechsel unterziehen und darüber nachdenken, wie sich Kinder in dem Alter mit solchen Texten beschäftigen könnten. Der Elementarisierungsansatz berücksichtigt dies anhand eines Rückgriffs auf die entwicklungspsychologische Theorie. Diese soll dabei helfen den Wert der Denkweise der SuS zu schätzen und ihn dementsprechend zu würdigen, auch wenn es sich dem persönlichen Verständnis der Religionslehrkräfte entzieht. Die Lehrperson wird für die Schülervorstellungen sensibilisiert. Bestenfalls entsteht so ein Religionsunterricht der weder über- noch unterfordert. Er soll einen Lernprozess anregen, aber nicht in abstrakten Sphären geschehen. Es ist in Ordnung, wenn die SuS die Bibeltexte anders, und eventuell sogar für das Empfinden der Lehrperson falsch verstehen. Mit solchen Fehlverständnissen kann der Unterricht leben und sogar davon profitieren, wenn man es

---

[94] Vgl. Ebd., 19–21.
[95] Vgl. Putz: Wahr-Zeichen, 23f.

als Lehrperson schafft das eigentliche Lernziel dennoch, für die SuS nachvollziehbar, zu erreichen.[96]

Piaget war ein Vertreter des aktiven Lernens. Dies bedeutet nicht nur ein Lernen durch Bewegung, sondern mit aktiv ist auch das Lernen an sich gemeint. Es geht darum den Unterricht so zu gestalten, dass sich die SuS mit Fragen, Widersprüchen und sich selbst auseinandersetzen. Der Unterricht soll den Erfahrungen der SuS Raum bieten und im besten Fall die Möglichkeit offerieren neue Erfahrungen zu sammeln.

Speziell der Religionsunterricht bietet Raum über Nächstenliebe, Symbole und soziale Themen nachzudenken und dadurch das eigene Handeln zu reflektieren.[97]

Der Elementarisierungsansatz im Religionsunterricht basiert auf einem konfessionellen Unterricht, der sich mit Wahrheiten beschäftigt. Diese Wahrheiten sind nicht in Stein gemeißelt. Die Erkundung von Wahrheiten im Religionsunterricht bedeutet den eigenen Glauben und die eigene Persönlichkeit zu hinterfragen. Biblische Texte beschäftigen sich mit Glaubensfragen, deswegen sind sie auch nicht mit der wissenschaftlichen Wahrheit zu verwechseln. Es geht vielmehr darum, sich auf die Geschichten soweit einzulassen, dass man sie nachvollziehen kann. Die Wahrheit nach dem Verständnis Gottes ist hier die Wahrheit, die behandelt wird.[98]

4.1.1 Einführung als religionsdidaktischer Ansatz

Elementarisierung im Religionsunterricht bedeutet einen komplexen, unverständlichen Sachverhalt in eine zugänglichere Form herunterzubrechen. Kombiniert man diesen Ansatz mit einer didaktischen Komponente und klärt die pädagogische Zugänglichkeit ergeben sich Begriffe wie: Verständnis, Klarheit, simpel und überzeugend. Die Elementarisierung steht demnach nicht für sich allein, sondern bedient sich der Felder der Didaktik und der Pädagogik, um einen sinnstiftenden Beitrag für den Religionsunterricht zu leisten. Das Ziel eines elementarisierten Unterrichts ist es, dass die SuS lernen sich in die Akteure der ausgewählten Bibelstellen hineinzuversetzen und ihr Handeln nachzuvollziehen. Schon seit Jahren wird dieser Ansatz verfolgt und repräsentiert durch Pestalozzi und Klafki. Diesen wiederum auf den Religionsunterricht zu übertragen ist recht neu und geschieht erst seit

---

[96] Vgl. Schweitzer: Elementarisierung - ein religionsdidaktischer Ansatz: Einführende Darstellung, 21–24.
[97] Vgl. Ebd., 25.
[98] Vgl. Ebd., 26f.

etwa 45 Jahren. Berühmte Vertreter sind hier Stock, Baldermann und Nipkow, die sich anhand der Elementarisierung speziell Bibeltexten näherten, was schnell den Eindruck erhielt, dies sei ein Ansatz, der sich rein auf die Exegese beziehe.

Ziel der aktuellen Forschung ist es, die Elementarisierung auszuweiten, als einen generellen didaktischen Ansatz, der theologische Fragen diskutiert und einen Lebensweltbezug zu den SuS herstellt.[99]

Man darf von der Elementarisierung im Religionsunterricht nicht erwarten, sich in das Nürnberger Trichter Modell, ein stark komprimiertes Modell, hineinzuzwängen. Eine so entstandene Mini-Theologie wäre didaktisch schlichtweg nicht sinnvoll. Viel sinnvoller ist es, sich auf die Vereinfachung im Religionsunterricht zu fokussieren. Ziel sollte es sein eine Elementartheologie zu schaffen, zu der die Kinder und Jugendlichen einen Zugang finden. Damit ist die Elementarisierung im Religionsunterricht dennoch nicht völlig erfasst. Nach Schweitzer ist guter Religionsunterricht ein Unterricht, der eine für Jugendliche nachvollziehbare Thematik beschreibt und sich dazu dem Lebensweltbezug der Kinder bedient. Ein guter Unterricht lässt sich natürlich nicht nur durch eine gut gewählte didaktische Herangehensweise erklären, sondern wird durch weitere Faktoren, wie Lehrerpersönlichkeit oder Lerngruppe bestimmt.[100]

Die aktuelle religionspädagogische Forschung verlangt nach einem Bezug zu den Lernmöglichkeiten und Interessen der SuS. Es geschieht ein Wechsel von einem lehrerzentrierten Unterricht zu einem lernerzentrierten Unterricht. Eine gute Stunde offeriert den Lernern die Möglichkeit ihre persönliche Wahrnehmung mitzuteilen und selbst den Unterrichtsverlauf mitzubestimmen. Religionsdidaktische Modelle sollen der Lehrkraft dabei helfen, sich auf die Interessen der Schülerschaft einzustellen. Dies soll durch den Elementarisierungsansatz geschehen. Gleichzeitig soll dieser didaktische Ansatz den Religionsunterricht davor bewahren ins Hintertreffen zu geraten. Speziell der Religionsunterricht verlor im Laufe der Jahre durch die neuen Fächer Philosophie und Ethik immer mehr an seinem Profil. Die Elementarisierung unterstützt von innen heraus die Erhaltung des religiösen Profils durch seine Beschäftigung mit Wahrheitsfragen. Gleichzeitig sieht sich der Religionsunterricht in den letzten Jahren der Gefahr gegenüber Langeweile bei der Schülerschaft auszulösen.

---

[99] Vgl. Ebd., 9f.
[100] Vgl. Ebd., 11.

Besonders in der Sekundarstufe I ist es wichtig die Schüler dort abzuholen, wo sie stehen und sie aktiv mit einzubinden. Dazu muss sich an der Vermittlung religiösen Wissens etwas ändern. Man sieht schlussendlich, dass die Elementarisierung sowohl einen praktischen, als auch einen theoretischen Ansatz folgt, der dem Religionsunterricht neuen Schwung verleihen kann.[101]

4.1.2 Christologie bei Jugendlichen

Der christliche Glauben und das Gottesverständnis beziehen sich auf die Person Jesus, weshalb ihm eine zentrale Rolle im Religionsunterricht zukommt. Die Person Jesu ruft bei der Schülerschaft meist ambivalente Reaktionen hervor. Zum einen geht von Jesus eine gewisse Faszination aus, aus der durchaus Interesse an der Thematik entstehen kann. Andererseits ist die Komplexität des Sachverhaltes der Taten Jesu, die in der Bibel beschrieben werden häufig zu abstrakt, als dass sie die SuS in der heutigen Zeit verstehen können. Oft entsteht, aus ihrer Sichtweise, eine Diskrepanz zwischen der damaligen und der heutigen Lebenswelt. Der Stand der Forschung von 2003 sieht die Abneigung der Schülerschaft gegenüber der Thematik „Christologie" in der mangelnden Verknüpfung der Vermittlung mit der Elementarisierung. Der Unterricht läuft immer wieder Gefahr untheologisch zu werden, wenn er zu weit heruntergebrochen wird. Ziegler möchte anhand der Erforschung von der Christologie bei Jugendlichen, hier den SuS einer 11. Klasse eines Gymnasiums in Baden-Württemberg, einen Erkenntnishorizont darüber erlangen, wie diese über Jesus in elementarer Form denken. Dies stellte er anhand von Aufsätzen fest, welche die SuS verfasst haben.[102] Anreiz diese Studie durchzuführen, lieferte eine 10. Klasse einer Realschule. Dort fragte die Lehrerin die SuS, welche Fragen sie Jesus stellen würden, wenn er jetzt vor ihnen stünde.

---

[101] Vgl. Ebd., 12–14.
[102] Vgl. Ziegler: Jesus-Bilder Jugendlicher - in elementarisierender Perspektive, 161f.

Es ergaben sich folgende:

Wie fühlst du dich als Gottessohn?

Warum müssen Menschen sterben? Was ist dann der Sinn des Lebens?

Warum sendete Gott uns dich und hat sich nicht selbst gezeigt?

Wie geht es mit der Welt weiter?

Wie ist das Leben nach dem Tod?

Es wird deutlich, dass hier besonders im christologischen Bereich offene Fragen bestehen und die SuS nach einer Klärung bezüglich der Gottessohnschaft, dem Grund der Sendung Jesus und seiner Auferstehung verlangen. Diese Stunde steht beispielhaft für das durchaus vorhandene Interesse der SuS über die Christologie mehr zu erfahren und sich darüber auszutauschen. Allein durch dieses offenbare Interesse bietet sich eine hervorragende Möglichkeit die Thematik im Unterricht aufzugreifen und über die elementaren Wahrheiten des christlichen Glaubens zu sprechen.[103]

Zieglers Studie untersucht hierfür das Gottesbild bei Jugendlichen anhand der Frage: Wer war Jesus? Die Antworten der SuS sind selbst elementare Zugänge, die zum einen eine Kurzwiedergabe des Lebens Jesu darstellen, aber auch durch ironische Aussagen unterbrochen werden. Zwei Dinge werden bei den Kurzwiedergaben deutlich:

1. Die Jugendlichen nutzen eine für sie typische Ausdrucksweise, um das Leben Jesu in seinen Grundzügen wiederzugeben.

2. Je nach Interesse des jeweiligen Schülers oder der jeweiligen Schülerin wird die Fragestellung auf einen bestimmten Aspekt bezogen. Schüler A sieht die Auferstehung als Zentrum des Lebens Jesu, Schüler B die Wundergeschichten.[104]

Die Ergebnisse der Studie zeigen, welche Aspekte des Lebens Jesu für Jugendliche grundlegend sind. Zwei Drittel geben an, dass das Wirken Jesu sie am meisten beschäftigt, konkret seine Taten und Botschaft.

---

[103] Vgl. Ebd., 163–165.
[104] Vgl. Ebd., 166f.

Um es in der Sprache der Jugendlichen auszudrücken, sehen sie Jesus als „Sozialarbeiter"[105] oder als einen „Lehrer des Glaubens und der Moral"[106], der mithilfe des Glaubens den Menschen eine Moral vermittelt. Dem Kreuzestod kommt eine vergleichsweise geringe Bedeutung zu.[107]

Die Studie zeigt, dass sie elementaren Wahrheiten der Christologie eine besondere Herausforderung in dem Verständnis der Jugendlichen hervorrufen. Besonders die Frage der doppelten Vaterschaft entzieht sich ihrem Verständnis und führt sogar zu Protestreaktionen. Genau darin verbirgt sich die Gefahr, dass die Jugendlichen ihren Glauben verlieren. Jugendliche brauchen eine historische und biologische Triftigkeit. Erhalten sie beides nicht, kann es nach ihrer Auffassung nicht geschehen und sie wenden sich vom Glauben ab. Um dies zu vermeiden, ist es die enorm wichtige Aufgabe des Religionslehrers zu erklären, dass Sprache nicht eine Wahrheit vermitteln soll, sondern die Bibel symbolisch verstanden wird. Einen Blinden sehend zu machen, bedeutet nicht ihm das tatsächliche Augenlicht wiederzugeben, sondern ihm eine Erkenntnis zu senden, die ihm im übertragenen Sinne die Augen öffnet und ihn „sehen, erkennen" lässt. Dennoch birgt ein rein symbolisches Verständnis die Gefahr den Glauben an Jesus an seiner historischen Person festzumachen. Die zentrale Gefahr des Religionsunterrichts ohne symbolischen Hinweis besteht aber weiterhin darin, dass die Jugendlichen die Geschichten über Jesus als unlogisch empfinden und auf diesem abweisenden Niveau verbleiben und ihren Glauben verlieren.[108]

Die Ergebnisse einer weiteren Studie zeigen vier elementare Wahrheitsfragen in Bezug auf Jesus. Erstens die Frage nach seiner Identität. Ist Jesus Gottes Sohn oder ein normaler Mensch? Ein Zugang über die Symbolik der Worte „Gottes Sohn" wäre hier sinnvoll. Gott war für Jesus, wie ein Vater, jedoch nicht sein biologischer Vater. Dieser war Josef. Es gibt drei Passagen im Leben Jesu, die Misstrauen und Unverständnis bei den Jugendlichen hervorrufen.

Neben der im Vorsatz angesprochenen doppelten Vaterschaft ist es noch die Jungfrauengeburt, die Wunder und die Vergöttlichung des Menschen Jesu. Da die Jugendlichen meist den wörtlichen Sinn verstehen, stoßen Ereignisse wie die

---

[105] Vgl. Ebd., 168.
[106] Vgl. Ebd.
[107] Vgl. Ebd.
[108] Vgl. Ebd., 174–177.

Jungfrauengeburt oder die Wunder sie vor den Kopf. Die Kompetenzstufe des symbolkritischen Verstehens haben sie noch nicht erreicht.[109]

Die zweite Wahrheitsfrage beschäftigt sich mit der historischen oder erfundenen Gestalt Jesu. Die aktuelle Forschung ist sich weitgehend einig, dass die Evangelien viele historisch zuverlässige Informationen enthalten. Die Jugendlichen stoßen sich aber daran, wie ein Mensch auferstehen kann und führen dies auf historische Unglaubwürdigkeit zurück. Des Weiteren stellen sie die Glaubwürdigkeit des Neuen Testaments infrage, da einige Jahrzehnte nach dem Tode Jesu vor der Niederschrift vergangen waren und es durch Bischöfe immer wieder korrigiert wurde. Ein anderer Punkt der Zweifel hervorruft, ist das menschliche Versagen. Gottesglaube und Jesusglaube scheinen unabhängig voneinander existieren zu können. Da Menschen die Evangelien schrieben, könnten ihnen Fehler unterlaufen sein, beispielsweise wenn sich die Autoren auf mündliche Tradition beriefen, welche bereits durch jahrelange Mundpropaganda nicht mehr der Ursprungserzählung entsprachen. Oder sie haben bewusst falsche Aussage getroffen.[110]

Die dritte Wahrheitsfrage fragt nach dem Stellenwert Jesu, bezogen auf das göttliche Heil. Drei Zweifel kommen bei den Jugendlichen auf: Das christliche Heilsverständnis sei unlogisch, Jesus sei nicht der Mittler zwischen den Menschen und Gott und die Bedeutsamkeit Jesu werde abgelehnt. Der Mensch Jesu bleibe meist in dieser Existenzform von Bedeutung, aber eine besondere Verehrung als Messias werde abgelehnt.[111]

Wie manifestiert sich das Heil in der Person Jesus? Die Jugendlichen stoßen sich an der Theodizeefrage und unternehmen verschiedene Lösungsansätze bei denen Jesus in besonderer Weise als Retter definiert wird, aber auch auf seinen Tod beschränkt wird. Warum Gott selbst nicht eingreift, bleibt für die Jugendlichen unverständlich.

Der Bezug zur Kirche wird ebenfalls infrage gestellt, bei den männlichen Jugendlichen sogar doppelt so häufig, wie bei den weiblichen.[112]

Oftmals stellen sich bei Jugendlichen Zweifel am Christentum ein, da ihnen die Bibelgeschichten unfair erscheinen und sie sich in einem Alter befinden, in dem das

---

[109] Vgl. Ziegler: Jesus als "unnahbarer Übermensch" oder "bester Freund"?, 326–333.
[110] Vgl. Ebd., 334–336.
[111] Vgl. Ebd., 340–343.
[112] Vgl. Ebd., 346–349.

Gerechtigkeitsbewusstsein besonders ausgeprägt ist. Wie kann es sein, dass Sünder in den Himmel kommen? Wieso soll ich dann ein Leben als guter Christenmensch führen und nicht sündigen? Die Institution Kirche und mit ihr das Christentum steht für die Jugendlichen in der Kritik, da sie keine Taten von ihr erkennen können. Innere Frömmigkeit reicht ihnen nicht aus. Deswegen ist es wichtig, als Religionslehrer praktische Beispiele in den Unterricht einzubinden. Dazu kann man junge Christen aus der Gemeinde in den Unterricht einladen oder diakonische Projekte näher im Unterricht behandeln. Die Studie zeigt, dass Jugendliche davon ausgehen, dass Gläubige meist alt, krank oder schwach sind und sich deswegen dem Glauben zuwenden. Dass der Glaube unabhängig von Gesundheit und Alter ist, soll ihnen bewusstgemacht werden.[113] Ziel eines guten Religionsunterrichts ist es ein flexibles Stundenkonzept zu entwickeln, um auf die Interessen der SuS gezielt eingehen zu können und ihnen Raum für Fragen zu bieten. Weiterhin muss die Thematik Jesu einen stetigen Bezug zu Gottesfrage beinhalten. Vorteil dadurch soll sein, ein umfassendes Jesusbild zu erarbeiten, welches man heutzutage nicht mehr voraussetzen kann und eine passende Behandlung je nach Altersstufe ermöglicht. Zuletzt sollte der Religionsunterricht der Primarstufe mit dem der Sekundarstufe verbunden werden. Das bedeutet, dass Themen der Primarstufe nochmals in der Sekundarstufe aufgegriffen werden sollten, da so nicht der Eindruck entstünde die Thematik im fortgeschrittenen Alter totzuschweigen.[114]

4.1.3 Elementarisierung in der religionsdidaktischen Diskussion

Einen konkreten Bezug der Elementarisierung in der Religionsdidaktik existiert seit etwa 1985. Die Weiterentwicklung bestand darin, dass nicht nur exegetische Themen bei dem Ansatz Anklang fanden, sondern auch lebensweltliche. Um einen möglichst sinnvollen Ansatz zu haben wurde deswegen die Elementarisierung mit der Entwicklungspsychologie verknüpft, wodurch er nicht Gefahr lief eine beschnittene Form der Theologie zu werden (siehe Kapitel 4.1). Seitdem wurde der Elementarisierungsansatz auf evangelischer und katholischer Seite weiterentwickelt und zugleich Bestand der Lehrbücher beider Konfessionen. Es wird deutlich, dass sich der Ansatz allgemein auf Inhalte und Themen des Religionsunterrichts

---

[113] Vgl. Ebd., 178f.
[114] Vgl. Ebd., 185-186.

konzentriert und nicht an konfessionelle Grenzen stößt. Zugleich überschneidet er sich gewollt mit der Symboldidaktik und Kindertheologie.[115]

Die bereits in Kapitel 4.1 erwähnte Unterscheidung der Elementartheologie zur Elementarisierung ist einer Herausforderung, die sich dem Religionslehrer stellt. Konkret bedeutet Ersteres, theologische Inhalte verständlich zu formulieren, wohingegen bei der Elementarisierung der direkte Bezug zum Rezipienten essenziell ist. Das bedeutet jedoch nicht, dass die Elementartheologie nichts mit der Elementarisierung des Religionsunterrichts zu tun hat. Im Gegenteil, es ist gleichsam wichtig theologische Inhalte so weit zu vereinfachen, dass man die SuS dort abholt, wo sie stehen und daraufhin einen Lebensweltbezug, durch die Elementarisierung, schafft. Sie unterscheiden sich konstitutiv, jedoch nicht im klassischen Sinn eines Gegensatzes. Die Elementarisierung verbindet theologische und pädagogische Aspekte, wohingegen die Elementartheologie lediglich die theologische Komponente beinhaltet.[116]

Die SuS sind das Subjekt der Elementarisierung, es soll sich an ihnen orientiert werden. Sie versuchen von sich aus, essenzielle Informationen herauszufiltern und diese in eigenen Worten und mit Bezug auf ihr eigenes Leben zu formulieren.

Um diese Wahrheiten herauszufinden, muss das Konzept des Religionsunterrichts flexibel sein und zu Gesprächen anregen.[117] Der elementarisierte Religionsunterricht hat aber nicht nur Vorteile für den Lernenden, sondern auch für die Lehrperson. Diese setzt sich mit anderen Blickwinkeln auseinander und bezieht neue Erkenntnisse durch die SuS auf eigene bisherige Annahmen. Ein Prozess des Hinterfragens und Neudenkens beginnt auch auf Lehrerseite. Außerdem erhält die Lehrperson die Fähigkeit empathisch auf die Wahrheiten der SuS einzugehen und reflektiert sein eigenes Denken stetig. Zuletzt bekommt der Unterricht dadurch eine besondere Identität. Jeder kann sich mit ihm identifizieren, sowohl Lehrer als auch Schüler.[118]

Die Schwierigkeit des Ansatzes liegt in der schlechten Planbarkeit der Unterrichtsstunde, da man immer auf die Bedürfnisse der SuS eingehen muss und dadurch von

---

[115] Vgl. Schweitzer: Elementarisierung in der religionsdidaktischen Diskussion: Entwicklungstendenzen - weiterführende Perspektiven - offene Fragen, 207f.
[116] Vgl. Ebd., 209–211.
[117] Vgl. Ebd., 212.
[118] Vgl. Ebd., 214f.

seinem Konzept abweicht. Zumindest im Referendariat stellt es ein Problem dar, wenn man sich nicht an sein Stundenkonzept hält,[119] wodurch der Elementarisierungsansatz in dieser Phase der Lehrerausbildung gewagt ist. Zudem ist die Lebenswelt der Jugendlich kein planbares Konstrukt und kann viele kontroverse Ansichten hervorbringen, die möglichst zielführend im Unterricht umzusetzen wären. Zwar kann die Pluralität der Erfahrungen auch einen Mehrwert der religiösen Erfahrungen bedeuten, dennoch bleibt es schwierig aus ihnen eine Gesamtwahrheit zu entwickeln. Stellt man sich jedoch der Herausforderung der Vieldeutigkeit kann man mit dieser Spannung arbeiten. Glaubensfragen sind nicht starr, sondern voller Zweifel. Offenheit und Festlegung sind Teil des christlichen Glaubens. Der Religionsunterricht kann die Problematik insoweit lösen, als dass er genau diese schwierigen Wahrheitsfragen offen anspricht. Die SuS sollen sich auch mit den Ansichten anderer auseinandersetzen, ebenfalls wenn sie ihre Ansicht nicht teilen.[120]

---

[119] Eigene Erfahrungen aus dem Praxissemester als Feedback der Fachleiter
[120] Vgl. Ebd., 216–219.

5 Fazit: Religionspädagogische Umsetzung als Didaktik der Christologie

Wie nun deutlich wurde ist es kein einfaches Unterfangen eine Religionsstunde unter dem Elementarisierungsansatz zu planen, wenn man sich nicht genau mit der Materie auseinandergesetzt hat. Wenngleich es darum geht Inhalte zu vereinfachen, sollte man nicht Gefahr laufen die Theologie der Thematik zu verlieren. Die Lehrperson muss ein Gespür dafür entwickeln, an welchen Punkten es sinnvoll ist zu kürzen und dennoch zu einem religiös intendierten Lernziel zu gelangen. Dieses Gespür kann einem der Ansatz nicht beibringen, lediglich die Berufserfahrung. Dies ist auch die Gefahr, die die Elementarisierung birgt: Die Voraussetzung, dass jede Lehrperson, die Fähigkeit besitzt soweit zu kürzen, aber dennoch die Abgrenzung zur Elementartheologie vor Augen zu haben. Weiterhin ist es von enormer Wichtigkeit bei den SuS einen Lebensweltbezug herzustellen, den es jedoch in jedem Unterrichtsfach geben sollten, nicht nur im Religionsunterricht. Wenn sich die SuS mit etwas identifizieren können, ist es für sie einfacher über die Thematik zu sprechen und sich neue Kompetenzen anzueignen. Gerade im Religionsunterricht geht es um Themen, die sich nicht immer mit Vernunft und Logik erklären lassen, wodurch dieses Fach Gefahr läuft die Lerner zu verlieren. Die SuS verwechseln Historik mit Theologie. Damit dies nicht geschieht sollten möglichst viele Diskussionsanlässe geliefert werden. Die Klasse soll sich mit den Meinungen aller auseinandersetzen und davon profitieren. Gleichzeitig sollen die SuS so empathisch werden, dass sie sich in die damalige Welt und das Denken der damals lebenden Personen hineinversetzen können, um aus ihrer Warte zu argumentieren. Die Multiperspektivität fördert hier das Verständnis und die zeitgenössische Relevanz der Gleichnisse, sodass diese nicht wörtlich interpretiert und wohlmöglich als „unmöglichen Quatsch" abgetan werden. Sie müssen hinter der Materie die Botschaft erkennen und genau dies kann die Lehrperson, die sich an dem Elementarisierungsansatz orientiert, für ihre SuS leisten. Ein Versuch dessen wird sich im abschließenden Kapitel anhand einer fiktiven Stunde zum Thema „Kreuzestod", geplant unter dem zuvor erforschten Ansatz, zeigen.

6 Unterrichtsstunde

Aufgrund dessen, dass die geplante Unterrichtsstunde nicht an einer tatsächlichen Schule erprobt und evaluiert wurde, bleibt sie in einem fiktiven Rahmen und verzichtet auf die Beschreibung der Lerngruppe, die sonst in der schriftlichen Ausarbeitung unter Referendariats-Bedingungen üblich ist. Ansonsten hält die Autorin dieser Arbeit sich an die Mustervorlage vom ZfsL Leverkusen aus dem Praxissemester, welche von der Fachleiterin für evangelische Religionslehre an die Praxissemestler zur didaktischen Aufbereitung ausgeteilt wurde.

Die Unterrichtsstunde ist für die 6. Klasse einer Realschule im 2. Schulhalbjahr konzipiert. Die Lerngruppe hat bereits in den Vorstunden wichtige Stationen im Leben Jesu behandelt und verfügt diesbezüglich über Vorwissen. Der Kreuzestod gehört zur vorletzten Station des Lebens Jesu, man muss sich vorstellen, dass die SuS in den vorherigen Stunden bereits die wichtigsten Lebensereignisse von Jesus besprochen haben, beispielsweise in Steckbriefform. Dem Tod am Kreuz unmittelbar bevor steht das Abendmahl und ihm folgt die Auferstehung.

6.1 Verortung im Kernlehrplan evangelische Religionslehre Realschule

Die Unterrichtsstunde mit dem Thema „Kreuzestod" gehört zum Inhaltsfeld 2 des Kernlehrplans evangelische Religionslehre für Realschulen: Christlicher Glaube als Lebensorientierung. Dieses Inhaltsfeld ist in zwei Unterpunkte gegliedert:

1. Ausgewählte Erzählungen des Alten Testaments unter dem Aspekt der Lebensorientierung;
2. Leben, Handeln und Botschaft Jesu Christi.[121]

Wie man an der Sachkompetenz erkennt, sollen sie SuS über wichtige Stationen des Lebens Jesu Bescheid wissen und beispielhaft das Handeln und die Botschaft Jesu kennenlernen, was mit dieser Unterrichtsstunde geschieht. Die Deutungskompetenz wird in der Stunde ebenfalls angesprochen, da sie sich selbst als Beobachter der Hinrichtung einfühlen sollen und damit das christliche Handeln Jesu auf die heutige Zeit beziehen. Die Urteilskompetenz findet in der Stunde keinen offensichtlichen Anklang. Die Handlungskompetenz, speziell die Dialogkompetenz, soll anhand des Lerntempoduetts stattfinden, wobei die SuS idealerweise über die Handlungen der Zeugen anknüpfen und sich darüber austauschen, um daraus das

---

[121] Vgl. Ministerium für Schule und Weiterbildung: Evangelische Religionslehre, 19.

Handeln eines Christen und damit ihr eigenes Handeln zu diskutieren und hinterfragen. Daran schließt sich die Gestaltungskompetenz an. In der Folgestunde wird es dazu eine künstlerische Komponente geben, indem die SuS einen Zeitungsartikel zur Hinrichtung Jesu gestalten und diese in einem Museumsrundgang präsentieren (siehe Anhang).[122]

6.2 Thema und Lernzielschwerpunkte der Unterrichtsstunde

6.2.1 Thema der Unterrichtsstunde

Der Kreuzestod Jesu – Eine Bildanalyse des Kreuzestodes: „War Jesus in seiner höchsten Not verlassen worden?"

6.2.2 Lernzielschwerpunkt der Unterrichtsstunde

Die SuS betrachten das Bild Hans Baldung Grien, erfahren durch eine Fantasiereise die Umstände der Kreuzigung Jesu und setzen sich mit den Gedanken und möglichen Worten der wichtigsten Zeugen seiner Hinrichtung: Die Mutter Maria, Maria Magdalena, Johannes der Jünger, die zwei Mitgekreuzigten, der Hauptmann und Jesus selbst, auseinander.

In einem zweiten Schritt sollen die SuS sich selbst in die Rolle eines Zeugen der Kreuzigung hineinversetzen und eigene Worte/Gedanken formulieren, welche dann im Klassenverband vorgestellt und besprochen werden.

Indikatoren:

Die SuS...

- **hören** der Fantasiereise aufmerksam **zu**, um daraus Informationen **herauszufiltern**, welche für die Bearbeitung der Aufgabe relevant sind;
- **entwickeln** mögliche Gedanken der Zeugen der Kreuzigung;
- **gestalten** eine Sprechblase mit ihren persönlichen Gedanken, als fiktiver Zeuge der Kreuzigung;
- **erklären** den Inhalt ihrer Sprechblase ihren Mitschülern.

---

[122] Vgl. Ebd., 19f.

6.3 Didaktische Schwerpunkte

6.3.1 Überlegungen zur Sache für die Stunde

Für Kinder und Jugendliche ist das zentralste Merkmal Jesu, dass er der Messias ist. Dies wird durch den Religionsunterricht in zwei Weisen vermittelt: Einmal durch das exemplarisch christlichen Verhalten Jesu seinen Mitmenschen gegenüber und durch seine Lebensgeschichte. In den Gesprächen mit SuS, die das Buch von Fricke beinhaltet, erkennen sie eine Trennung zwischen Gott und Jesus, da Jesus eine geringere Macht besitzt als Gott. Dies zeigt sich in der Kreuzigung, wo es Jesus nicht möglich ist seinem Schicksal zu Sterben zu entfliehen.[123] Die Tatsache, dass Jesus mit sozial geächteten Personen, wie Zöllnern und Huren verkehrte, war der Auslöser seiner Hinrichtung, da er damit der damaligen Ordnung widersprach. Ihnen, den Sündern, sprach er die Teilhabe am Reich Gottes zu und unterwanderte damit die religiöse Ordnung, was ihn in den Augen vieler zu einem Ketzer machte. Dies führte schlussendlich zu seiner Hinrichtung, die er sich nicht wünschte, aber auch nicht vor ihr floh.[124]

Bezogen auf Jesus gesamte Lebensgeschichte ist seine Kreuzigung ein zentrales und auch einprägsamen Thema für SuS, da sie sich gezielt mit dem Tod auseinandersetzen müssen und die historische Person Jesus „für uns gestorben ist" und dadurch zum Christus geworden ist, der auferstanden ist, um uns von den Sünden zu befreien.

Das Thema „Kreuzestod" ist durchaus diskursiv und kann auch schon in Grundzügen in der 6. Klasse diskutiert werden. Speziell die Annahme „Jesus ist für uns gestorben" kann durchaus auch schon in der Unterstufe Fragen aufwerfen: Wieso muss Gott seinen Sohn opfern, um uns zu vergeben und vergibt uns nicht einfach so? Wieso gibt es die Sünde noch, wenn Jesus sie von uns nahm? Diese Fragen könnten bei den SuS einer 6. Klasse vorkommen, sodass es wichtig ist über den Kreuzestod Jesu zu sprechen und auf diese Fragen einzugehen. Es ist wichtig, den SuS klarzumachen, dass die Bibel keine logische Abfolge von Ereignissen widerspiegelt und der Tod Jesu zwar tatsächlich stattgefunden haben kann, aber der Ausspruch „Jesus ist für uns gestorben" eine subjektive Deutung seiner Jünger war. Die Jünger

---

[123] Vgl. Fricke: Von Gott reden im Religionsunterricht, 119.
[124] Vgl. Ebd., 126.

schafften dadurch einen mythischen Rahmen um seine Person. Wäre er einfach gestorben, hätte die Lehre Jesu zum Teil an Substanz verloren.[125]

6.3.2 Didaktische Überlegungen

„Im Mittelpunkt des RU sollte nun der Schüler selbst stehen, aus dessen unmittelbarer Lebenswirklichkeit Problemstellungen abgeleitet und im Unterricht kontextuell bearbeitet werden sollen."[126]

Seit Mitte der 70er Jahre erhält der Religionsunterricht einen neuen Anstrich, orientiert an den psychologischen Grundlagen und den Möglichkeiten komplexe Sachverhalte zu verstehen. Aus diesem Grund verschoben sich die Themen weg von der reinen Bibelarbeit, hin zu Themen, welche die SuS selbst interessieren, wie Sexualität, Umweltschutz und ethische Themen wie Selbstmord oder Euthanasie. Der Religionsunterricht richtet sich nun nach Themen aus und nicht mehr nach Bibeltexten.

Da der Religionsunterricht nun Gefahr lief an theologischer Substanz zu verlieren, wurde im Laufe der Zeit erneut auf Bibelstellen zurückgegriffen, jedoch in komprimierter Form.[127]

Fachlich gesehen muss man in der Schule sowohl den historischen Jesus, als auch den Christus des Glaubens behandeln. Das Interesse an seiner Person nimmt in der weiterführenden Schule ab, da die SuS auf Vorwissen aus der Primarstufe zurückgreifen können und glauben bereits alles über Jesus zu wissen. In der Sekundarstufe beginnen die SuS nun mehr die biblischen Texte zu hinterfragen und sich eine kritischere Meinung zu bilden, die sich nach Fricke in der Pubertät besonders auspräge.[128]

Das didaktische Grundprinzip der Unterrichtsstunde ist die Elementarisierung, die bereits in Kapitel 4 ausgiebig vorgestellt wurde, sodass in diesem Kapiteln nur noch der Bezug zur konkreten Stunde erläutert wird. Unter dem Gesichtspunkt des vielmals von Schweitzer betonten „Lebensweltbezugs" sollen die SuS nachdem sie auf elementarer Ebene, durch die Fantasiereise, den Inhalt der Kreuzigung Jesu kennengelernt haben sich selbst mögliche Gedanken der Zeugen der Kreuzigung

---

[125] Vgl. Ebd., 128f.
[126] Heiligenthal: Religion, Philosophie und Ethik, 387.
[127] Vgl. Ebd., 387f.
[128] Vgl. Fricke: Von Gott reden im Religionsunterricht, 134.

überlegen. Man schafft die Verbindung eines abstrakten Themas einer Hinrichtung, die in einer Zeit stattfand, die für die SuS schwer greifbar ist dadurch, dass sie selbst in eigenen Worten die Gedanken formulieren sollen. Dadurch würden die SuS erkennen, dass sich die Gedanken, die man heutzutage hätte nicht von den damaligen unterscheiden würden. Dies ist der erste Schritt, um die Thematik in die Lebenswelt der SuS einfließen zu lassen. Der zweite Schritt ist, dass sie sich vorstellen sollen selbst die Kreuzigung mit angesehen zu haben und dann eine eigene Gedankenblase zu formulieren. Da sich die Stunde am Ende der Unterrichtsreihe ansiedelt, können sie hier von ihrem Vorwissen über Jesus profitieren und gleichzeitig einen weiteren Schritt in die damalige Epoche wagen, in der sie sich nun selbst sehen sollen. Wenn sie damit fertig sind, geht es für sie in ein Lerntempoduett, wo ein erster Austausch mit einem Klassenkameraden beginnt und sie in eine Diskussion starten, dessen Wichtigkeit Schweitzer ebenfalls betont.

Dieser Austausch soll der Kern der Stunde sein und trifft sich wieder gänzlich in den Elementarisierungsansatz.

6.3.3 Methodische Begründungen

Texte werden im Unterricht meist genutzt, um einen Sachverhalt zu erklären, so wie es in der vorliegenden Unterrichtsstunde durch die Fantasiereise (siehe Anhang, Arbeitsblatt 1) geschieht. Das Bild von Hans Baldung Grien (siehe Anhang, Arbeitsblatt 2) dient als Unterstützung dieses Sachverhalts und bringt den Vorteil, die Beziehungen zwischen den Personen visuell zu manifestieren. Die Kombination aus Bild und Text wurde in den letzten Jahrzehnten vermehrt untersucht und als miteinander agierender Prozess klassifiziert. Da sowohl Bild als auch Text in der Unterrichtsstunde verwendet werden, fand im Vorfeld eine Abstimmung beider aufeinander statt, die für den Unterricht wichtig ist und sich an folgenden Prinzipien orientiert: Das Multimediale Prinzip wird hier nicht berücksichtigt, das Prinzip der Kontiguität schon, da sich die Medien in einem nahen Umfeld zueinander befinden. Das Prinzip der Kohärenz wurde ebenfalls bedacht, indem sich die Informationen des Textes, auch durch den Elementarisierungsansatz, auf die wichtigsten Stellen konzentrieren. Das Prinzip der Redundanz wurde gezielt zu dem Prinzip der Nicht-Redundanz umgewandelt, da die SuS bewusst durch einen weiteren visuell eingeblendeten Verfassertext in der Erschließung des Sachverhalts unterstützt werden sollen und der Fokus nicht auf einem einzigen Material liegt. Das Prinzip der individuellen Unterschiede wurde aus dem Grunde nicht bedacht, da die Klasse in der die Stunde stattfindet nicht existiert und somit eine differenzierte

Gestaltung des Arbeitsblattes nicht von Nöten ist. Gäbe es in einer Klasse Kinder, beispielsweise mit einer Rot-Grün-Schwäche wäre dies von der Autorin dieser Arbeit bedacht worden.[129] Das differenzierte Material für ein Kind mit einer Rot-Grün-Schwäche wäre beispielsweise das gleiche Bild in schwarz-weiß mit stärkerem Kontrast zwischen den beiden Farben gewesen.

In der Unterrichtsstunde zum Thema Kreuzestod werden sowohl der Beamer, der Overhead-Projektor als auch eine Folie benutzt. Die Folie kommt als Sicherungsinstrument der Ergebnisse des Arbeitsblattes vor und bietet den Vorteil, dass die Lehrperson diese bereits Zuhause vorbereiten kann. Auf der Folie ist das Arbeitsblatt ohne Lösungen zu sehen, die Sprechblasen werden innerhalb des Klassengeschehen von der Lehrkraft mit Inhalt gefüllt. Der Beamer wird zusätzlich genutzt, um das Bild von Hans Baldung Grien in aktueller Form zu präsentieren.[130]

> „Formen und Rituale helfen, die Realität zur strukturieren und zu gestalten; sie ermöglichen, Lebenswünsche und Lebensabsichten zu formulieren und zu bestärken; sie konstruieren solidarische Gemeinschaften."[131]

Da der Religionsunterricht mit einem Ritual beginnt, soll die ruhige Phase durch die anschließende Fantasiereise unterstützt werden. Dabei geht es nicht nur um mediatives Zuhören der SuS, sie bekommen bereits eine Aufgabe, die sie beim Zuhören bewältigen sollen, um ihre auditive Aufnahmefähigkeit zu schärfen. Damit ist die Methode eine abgewandelte Form einer Fantasiereise, die durch das Hinzugeben einer Aufgabe auch die SuS mit Konzentrationsschwierigkeiten aktivieren soll. Diese Methode ist besonders geeignet, wenn sich SuS in eine andere Epoche und in andere Personen hineinversetzen sollen, so wie es in der Unterrichtssequenz gewünscht ist.[132]

Die Bearbeitung der Aufgaben in dieser Unterrichtsstunde erfolgt ausschließlich in Einzelarbeit, damit sich zunächst jeder selbst in die damalige Situation hineinversetzen kann. Erst später wird die Arbeit durch das Lerntempoduett zu einer Art Partnerarbeit. In dieser Arbeitsphase wird geschwiegen, deswegen wird zuvor die Aufgabenstellung anhand einer kurzen Think-Pair-Share Sequenz eindeutig für alle

---

[129] Vgl. Seufert, Tina/Brünken, Roland: Nutzung von schriftlichen Informationen und Bildern im Unterricht, 298f.
[130] Vgl. Thomas: Tafel- und Folienarbeit, Modelle und Beamereinsatz, 301–303.
[131] Wermke: Rituale und Inszenierungen in Schule und Unterricht, 14.
[132] Vgl. Mattes: Methoden für den Unterricht, 118f.

geklärt. Dieser Schritt ist für die Einzelarbeit enorm wichtig, da jeder weiß, was nun zu tun ist. Lernpsychologisch hat die Einzelarbeit den Vorteil, dass sich jeder autonom das Wissen aneignen muss und dies individuell geschieht. Außerdem ist das spätere Berufsleben größtenteils von Einzelarbeit geprägt, sodass man in der Schule die Schlüsselqualifikation der Selbstständigkeit vermitteln soll.

Die Einzelarbeit lässt sich besonders gut in der Erarbeitungsphase eingliedern, so wie es in dieser Unterrichtssequenz geschieht. Um Über- oder Unterforderung zu vermeiden wird ihr das Lerntempoduett angeschlossen.[133] Beim Lerntempoduett können sich Partner, die gleich schnell mit dem Bearbeiten einer Aufgabe fertig sind, zusammenfinden und sich über die Ergebnisse austauschen. Dies geschieht auf Grundlage des gleichen Arbeitsblattes. In der Unterrichtsstunde ist es vorgesehen, dass die Partner sich nach Beendigung beider Aufgaben zusammenfinden, um eine mögliche Unruhe zu vermeiden. Dies wird der Klasse im Vorfelde mitgeteilt. Nachteilig an der Methode Lerntempoduett ist, dass sich immer die starken SuS mit weiteren starken zusammenfinden und somit das Schülerniveau der Partnerarbeit homogen ist. Grundsätzlich würden die langsamen SuS, die meist auch die schwächeren sind von der Zusammenarbeit mit einem schnellen, starken Klassenkameraden einen Mehrwert ziehen. Zumindest trifft dies zu, wenn man das Lerntempoduett als Sicherungsphase nutzen will. Da im Anschluss an das Lerntempoduett in dieser geplanten Unterrichtsstunde eine gemeinsame Sicherungsphase stattfindet, rechtfertigt dies den Einsatz dieser Methode, trotz des angesprochenen Nachteils für die schwächeren SuS. Außerdem fördert sie die Eigeninitiative der SuS und bietet die Möglichkeit eines leisen Unterrichts, da die Schnellen sich nicht langweilen, wodurch sie eventuell stören könnten.[134]

Der differenzierte Unterricht ist heutzutage nicht mehr aus dem Schulalltag wegzudenken. Man kann den Unterricht in folgende drei Konzepte der Differenzierung einordnen: Individualisierter Unterricht, kooperativer Unterricht und Gemeinsamer Unterricht. Das Lerntempoduett lässt sich in den Gemeinsamen Unterricht einordnen, wo es unter anderem darum geht die Klasse anhand ihres Lerntempos zu differenzieren. Die Grundlage des differenzierten Unterrichts steht in der

---

[133] Vgl. Ebd., 44f.
[134] Vgl. Ebd., 52f.

Analyse der Lerngruppe und ihrer Beobachtung, da man ansonsten Gefahr läuft einzelne SuS zu überfordern.[135]

Durch den Diskussionsanlass, den die Unterrichtsstunde schafft, sollen die SuS lernen in angemessener Weise miteinander zu kommunizieren. Dies ist eine Schlüsselkompetenz, die fächerübergreifend wirkt und dazu führt, die soziale Entfremdung im Schulalltag aufzuheben. Diese Kommunikationskompetenz zu fördern liegt im Sinne der Vorbereitung auf das spätere Leben der SuS, da sie sich einer globalisierten und heterogenen Gesellschaft befinden und diese Fähigkeit ihnen bei der interkulturellen Verständigung hilft.[136]

---

[135] Vgl. Paradies/Linser: Organisationsformen, Differenzierung, Integration, 264f.
[136] Vgl. Walter: Kommunikation und soziale Interaktion, 167.

7 Fazit: Unterrichtsstunde

Die vorliegende Masterarbeit zeigt durch ihren theoretischen Teil zentrale Inhalte der Christologie und lenkt ihren Fokus auf den Kreuzestod Jesu, der im zweiten Teil in den Unterricht übertragen wird. Es wird deutlich, wie sehr der Inhalt des theoretischen Teils von dem tatsächlichen Unterrichtsinhalt abweicht, da die Thematik des Kreuzestodes Jesu an der Realschule bereits in der 6. Klasse unterrichtet werden soll. Dies führt dazu, dass eine drastische Kürzung des Inhalts stattfindet und ein Vergleich zwischen den Evangelien und ihrer Darstellung des Todes Jesu nicht im Unterricht umgesetzt werden kann. Es ist wichtig, diese theologische Bandbreite auf das Verständnis der SuS in der besagten Klassenstufe anzupassen, um diese nicht zu überfordern, jedoch ist es theologisch gesehen kritikwürdig, dass die Thematik der Christologie in einer höheren Stufe nicht wiederholt wird. In Anbetracht dessen, dass man ab der 8. Klasse das Fach Religion abwählen kann, ist dies noch brisanter, denn dann beschäftigen die Jugendlichen sich nie wieder mit christlichen Themen., obwohl sie gerade bezogen auf die Theodizeefrage für gewöhnlich ein hohes Interesse entwickeln und bemerken, dass eine tiefere Beschäftigung mit Religion durchaus spannend sein kann.

Der zweite Teil bezieht sich rein auf den Religionsunterricht und stellt anhand des Elementarisierungsansatzes von Schweitzer einen didaktischen Ansatz vor, der durch sein aktuelles Forschungsinteresse besticht und in die fiktive Unterrichtsstunde eingegliedert wird.

Diese wird im Kernlehrplan verortet und didaktisch, sowie methodisch begründet. Im Anhang befindet sich das Material, welches für die Stunde angedacht ist und ein weiteres Arbeitsblatt, welches im Zentrum der Folgestunde stehen wird und auch einen Bezug zur Lebenswirklichkeit der SuS bietet (siehe Anhang, Arbeitsblatt 3).

Anhang

Tabellen

Phase/Zeit	Unterrichtsgeschehen	Sozialform/Medien	Didaktischer Kommentar
Ritual 09:50-09:52	- Die SuS betreten den Raum und sehen an der Wand bereits das Bild von Hans Baldung Grien	Plenum/Beamer	- Die SuS haben bereits während der Schweigeminute die Möglichkeit, sich das Bild anzuschauen (Stiller Impuls) und weiter die Möglichkeit sich am Stundenthema selbst zu erschließen
	- Sie setzen sich hin und schweigen zunächst eine Minute		- Dieses Ritual findet stets zu Beginn der Religionsstunde statt, damit die SuS zur Ruhe kommen
Begrüßung 09:53-09:54	- Nach einer Minute beendet die LP die Schweigeminute mit einem „Guten Morgen"	Plenum	- SuS wird signalisiert, dass die Stunde nun beginnt
Einstieg 09:55-10:00	- LP fragt, wenn das Thema der Stunde bereits klar ist und verweist auf das Bild am Beamer, welches noch nicht beschrieben werden soll	Plenum/Beamer	- Stundenthema wird so transparent gezeigt, dass die Klasse es sich selbst erschließen kann
	- Arbeitsauftrag: Beim ersten Vorlesen, sollen die SuS sich die beteiligten Personen aufschreiben	Plenum/Text Kreuzestod/Fantasiereise	- Der entspannte Einstieg wird durch die ruhige Methode der Fantasiereise unterstützt
	- Beim zweiten Vorlesen sollen sie hinter den Personen offenbare oder mögliche Emotionen notieren		- Der Text wird 2x vorgelesen und die SuS müssen aufmerksam zuhören um den Arbeitsauftrag zu bearbeiten

Tabelle 1) Verlaufsplan Kreuzestod Jesu-Ritual bis Einstieg

Phase	Inhalt / Aktion	Medium	Kommentar
Erarbeitung 10:01-10:20	- SuS erhalten ein Arbeitsblatt, dessen Aufgabenstellung besprochen wird - Die Namen der Personen werden genannt	AB Think-Pair-Share	- Aufgabenstellung ist allen klar
		Plenum Bild Beamer	- Alle haben eine gemeinsame Grundlage, auf derer sie nun arbeiten können (LP zeigt immer wieder auf die Personen am Beamerbild)
	- Der Text der Fantasiereise wird angeworfen	OHP	- Differenzierung: Wenn nötig können die SuS, die nicht gut zuhören können, dennoch mit dem Text die Aufgaben lösen
	- Hinweis der LP: Wer mit beiden Aufgaben fertig ist, trifft sich an der „Haltestelle" Zeitangabe zur Bearbeitung: 15 Minuten	Lerntempoduett	
	- Aufgabe 1 (Denkblasen) wird bearbeitet	EA	- SuS können die Aufgabe anhand ihrer Notizen bearbeiten
	- SuS bearbeiten im Anschluss Aufgabe 2	EA	- Sie sollen sich in eine andere Epoche hineinversetzen → Lebensweltbezug herstellen
Sicherung 10:21-10:31	- Ergebnisse werden im Plenum besprochen - LP sichert Ergebnisse mit einer Folie des ABs und ergänzt die Sprechblasen mit Schüleräußerungen - Besonders bei Aufgabe 2 werden alle Möglichkeiten notiert, von jenen SuS die sich freiwillig äußern wollen	Plenum OHP Folie AB Meldekette	- Diskussionsraum wird geschaffen durch verschiedene Lösungsmöglichkeiten

Tabelle 2) Verlaufsplan Kreuzestod Jesu-Erarbeitung bis Sicherung

Didaktischer Puffer	- Kurzes Feedback von der Klasse einholen	Plenum/Satzanfänge auf Laminierfolie	- Den SuS durch mögliche Satzanfänge, wie „Heute hat mir besonders gut gefallen...", „Was mich noch interessiert ist..." usw. eine Reflektion der Stunde anbieten
Stundenende 10.32-10.35	- LP meldet der Klasse zurück, ob sie heute gut oder schlecht mitgearbeitet haben - Ankündigung, dass das Thema Kreuzestod auch in der nächsten Stunde noch behandelt wird und sie dort einen Zeitungsartikel schreiben werden		- Rückmeldung - Transparenz

Tabelle 3) Verlaufsplan Kreuzestod Jesu-Didaktischer Puffer bis Stundenende

Arbeitsblätter

Fantasiereise

Die Kreuzigung

Die Kreuzigung Jesu beginnt um 9 Uhr morgens. Es wird ein Schild über dem Kreuz angebracht, auf dem der Grund seiner Hinrichtung steht: „König der Juden". Zuerst werden ihm die Kleider ausgezogen und dann wird er von den Soldaten ans Kreuz genagelt. Bei ihm ist Maria, die Gottesmutter. Wie sehr sie unter dem Leid ihres Sohnes gelitten hat. Neben ihr steht Johannes, der Jesus' liebster Jünger war. Er stand Maria bei. Die anderen Jünger waren nicht bei ihm, sie fürchteten um ihr Leben. Neben Jesus hingen zwei Räuber, die ihn verspotteten: „Wo ist dein Gott nun?", „Steig doch hinab vom Kreuz, wenn du der König der Juden bist." Andere die vorübergingen, verspotteten ihn ebenfalls. Die Jüngerin Maria Magdalena klammerte sich verzweifelt zu seinen Füßen an sein Kreuz und konnte nicht glauben, was gerade geschah. Aber sie war sich sicher, dass sie in dieser schweren Zeit bei Jesus sein wollte und fürchtete sich nicht vor Strafe, wie die männlichen Jünger.

Sechs Stunden leidet Jesus am Kreuz bis er mit einem lauten Schrei verstirbt. Ein Donner ertönt und der Vorhang im Tempel, der das Allerheiligste verdeckt, reißt inzwei. Der Hauptmann saß hoch zu Ross und beobachtete Jesus die ganzen Stunden. Nun erkannte auch er: „Wahrlich, dieser Mann war der Sohn Gottes."

Angelehnt an:
Timmermann, Alphons: In jener Zeit. Die Bibel für Kinder erzählt. Freiburg 1968[9], S. 215f.
Das Kursbuch Religion. Ein Arbeitsbuch für den Religionsunterricht im 5./6. Schuljahr. Stuttgart 2005, S. 128.

Arbeitsblatt 1) Lehrerhandreichung Fantasiereise zu der Kreuzigung Jesu

Anhang

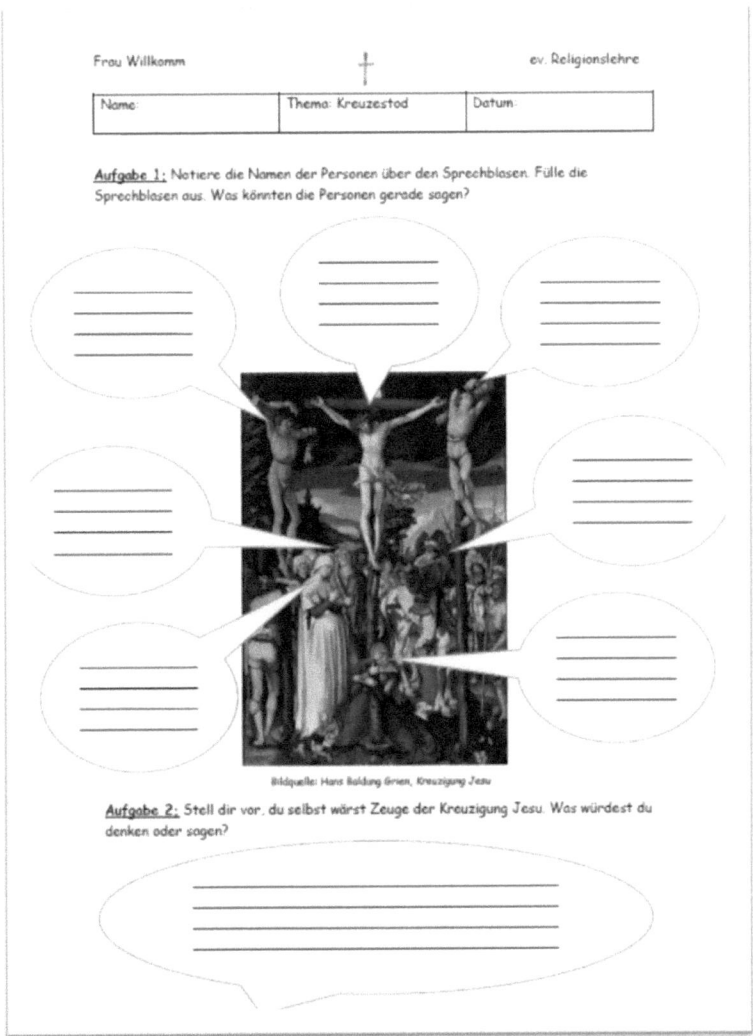

Arbeitsblatt 2) Sprechblasen Kreuzestod Jesu

Anhang

Frau Willkomm † ev. Religionslehre

| Name: | Thema: | Datum: |

Am Kreuz gestorben

Aufgabe 1: Du warst als Reporter der „Jerusalem Aktuell" bei der Vollstreckung des Urteils gegen Jesus dabei und hast mit anwesenden Personen gesprochen. Schreibe einen Bericht über die Geschehnisse. Denke dabei an die Beantwortung der W-Fragen.

Aufgabe 2: Ein Reporter macht auch Fotos. Male ein passendes Bild in das freie Kästchen.

Tipp: Wenn du Hilfe benötigst, schau in Mt 27, 31-50 und Joh 19, 17-30 nach.

Jerusalem Aktuell
Immer informiert – nur die Wahrheit – Tageshighlights

Arbeitsblatt 3) Folgestunde Gestaltung eines Zeitungsartikels

Literaturverzeichnis

Primärliteratur

Die Elberfelder Bibel nach der Übersetzung SCM R. Brockhaus. Bibeltext in der 3.Auflage der Taschenausgabe 2011. Herausgegeben von der Christlichen Verlagsgesellschaft. Dillenburg.

Sekundärliteratur

Chung, Jin: Gottes Weg mit den Menschen: Forschung zur Bibel 134.

Fricke, Michael: Von Gott reden im Religionsunterricht. Göttingen 2007.

Guttenberger, Gudrun: Die Gottesvorstellung im Markusevangelium (Beihefte zur Zeitschrift für die neutestamentliche Wissenschaft 123). Berlin 2004.

Heiligenthal, Roman: Religion, Philosophie und Ethik. In: Arnold, Karl-Heinz/Sandfuchs, Uwe/Wiechmann, Jürgen (Hg.): Handbuch Unterricht. Bad Heilbrunn 2009, 385–391.

Karrer, Martin: Jesus Christus im Neuen Testament: Grundrisse zum Neuen Testament. Das Neue Testament Deutsch (Ergänzungsreihe Band 011). Göttingen 1998.

Mattes, Wolfgang: Methoden für den Unterricht. Braunschweig 2011.

Merz, Annette/Theißen, Gerd: Der historische Jesus: Ein Lehrbuch. Göttingen 2011[4].

Ministerium für Schule und Weiterbildung: Evangelische Religionslehre. Kernlehrplan für die Realschule in Nordrhein-Westfalen, hg. vom Ministerium für Schule und Weiterbildung (https://www.schulentwicklung.nrw.de/lehrplaene/upload/klp_SI/RS/ER/3304_KLP_RS_Ev_Religionslehre_Endfassung_2012-12-14.pdf (18.11.2018).

Murillo Soberanis, Katerina: Die Christusvisionen der Johannesoffenbarung. Ein rezeptionsästhetischer Zugang unter Berücksichtigung von Apokalypsedarstellungen (Stuttgarter Biblische Beiträge 67). Stuttgart 2011.

Paradies, Liane/Linser, Hans-Jürgen: Organisationsformen, Differenzierung, Integration. Lerngruppendifferenzierter Unterricht. In: Arnold, Karl-Heinz / Sandfuchs, Uwe/Wiechmann, Jürgen (Hg.): Handbuch Unterricht. Bad Heilbrunn 2009, 261–265.

Putz, Günter: Wahr-Zeichen. Inhaltsangaben zum Religionsunterricht. Würzburg 2003.

Schreiber, Stefan: Die Anfänge der Christologie. Deutungen Jesu im Neuen Testament. Neukirchen-Vluyn 2015.

Schweitzer, Friedrich: Elementarisierung - ein religionsdidaktischer Ansatz: Einführende Darstellung. In: Schweitzer,Friedrich/Nipkow, Karl Ernst (Hg.): Elementarisierung im Religionsunterricht: Erfahrungen, Perspektiven, Beispiele. Neukirchen-Vluyn 2003, 9–30.

Schweitzer, Friedrich: Elementarisierung in der religionsdidaktischen Diskussion: Entwicklungstendenzen - weiterführende Perspektiven - offene Fragen, in: Schweitzer, Friedrich/Nipkow, Karl Ernst (Hg.): Elementarisierung im Religionsunterricht: Erfahrungen, Perspektiven, Beispiele. Neukirchen-Vluyn 2003, 203–220.

Seufert, Tina/Brünken, Roland: Nutzung von schriftlichen Informationen und Bildern im Unterricht. In: Arnold, Karl-Heinz/Sandfuchs, Uwe/Wiechmann, Jürgen (Hg.): Handbuch Unterricht. Bad Heilbrunn 2009, 297–300.

Söding, Thomas: Der Gottessohn aus Nazareth. Das Menschsein Jesu im Neuen Testament. Freiburg im Breisgau 2006.

Stiewe, Martin/Vouga, François: Bedeutung und Deutung des Todes Jesu im Neuen Testament. Ein theologischer Essay (NET – Neutestamentliche Entwürfe zur Theologie v.19). Tübingen 2011.

Thomas, Bernd: Tafel- und Folienarbeit, Modelle und Beamereinsatz. In: Arnold, Karl-Heinz/Sandfuchs, Uwe/Wiechmann, Jürgen (Hg.): Handbuch Unterricht, 300–303.

Walter, Paul: Kommunikation und soziale Interaktion. Unterricht als kommunikatives Geschehen. In: Arnold, Karl-Heinz/Sandfuchs, Uwe/Wiechmann, Jürgen (Hg.): Handbuch Unterricht, 165–168.

Wermke, Michael: Rituale und Inszenierungen in Schule und Unterricht. Münster 1997[2].

Ziegler, Tobias: Jesus als "unnahbarer Übermensch" oder "bester Freund"? Elementare Zugänge Jugendlicher zur Christologie als Herausforderung für Religionspädagogik und Theologie. Neukirchen-Vluyn 2006.

Ziegler, Tobias: Jesus-Bilder Jugendlicher - in elementarisierender Perspektive. In: Schweitzer, Friedrich/Nipkow, Karl Ernst (Hg.): Elementarisierung im Religionsunterricht: Erfahrungen, Perspektiven, Beispiele. Neukirchen-Vluyn 2003, 161–186.